本书由湖南商学院重点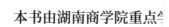

U0517287

异质性视角下
制造业出口持续时间
分析研究

黎谧／著

中国财经出版传媒集团

 经济科学出版社
Economic Science Press

图书在版编目（CIP）数据

异质性视角下制造业出口持续时间分析研究／黎谧著．
—北京：经济科学出版社，2018.10
ISBN 978 - 7 - 5141 - 9805 - 8

Ⅰ.①异…　Ⅱ.①黎…　Ⅲ.①制造工业 - 出口贸易 -
研究 - 中国　Ⅳ.①F426.4

中国版本图书馆 CIP 数据核字（2018）第 229580 号

责任编辑：凌　敏　毛羽健
责任校对：杨　海
责任印制：李　鹏

异质性视角下制造业出口持续时间分析研究
黎　谧　著
经济科学出版社出版、发行　新华书店经销
社址：北京市海淀区阜成路甲 28 号　邮编：100142
教材分社电话：010 - 88191343　发行部电话：010 - 88191522
网址：www. esp. com. cn
电子邮件：lingmin@ esp. com. cn
天猫网店：经济科学出版社旗舰店
网址：http：//jjkxcbs. tmall. com
北京密兴印刷有限公司印装
710×1000　16 开　10 印张　160000 字
2018 年 10 月第 1 版　2018 年 10 月第 1 次印刷
ISBN 978 - 7 - 5141 - 9805 - 8　定价：48.00 元
（图书出现印装问题，本社负责调换。电话：010 - 88191510）
（版权所有　侵权必究　打击盗版　举报热线：010 - 88191661
QQ：2242791300　营销中心电话：010 - 88191537
电子邮箱：dbts@ esp. com. cn）

前　言

改革开放以来，中国早已确立贸易大国的地位，扮演着"世界工厂"的角色。然而自 2008 年全球金融危机以后，国内劳动力成本不断上升，外需市场萎靡不振，长期以来所依赖的"人口红利"即将耗尽。在全世界都急于走出危机的背景下，以美国、德国为代表的先进国家表现抢眼，率先走出危机，并提出重塑制造业竞争力的口号，以印度、墨西哥等为代表的新兴市场国家也利用资源与成本优势抢占国际市场，中国的制造业出口贸易面临着双重夹击，形势不容乐观。现有研究大都以中国自身为研究对象，缺乏国际视野和跨国的比较研究，使得对于贸易格局的认识和理解略有偏颇。同时，贸易格局和形式的演变不仅体现在总量缩减方面，也反映在增量波动方面。现有文献相当部分是从总量的视角研究相关贸易问题，而本书则主要从微观数据入手，从贸易关系的动态变化为出发点，首先从理论层面上阐释了传统贸易中难以解释的"零点"问题，从逻辑上厘清了导致贸易关系出现断点的因素。其次，在全球视角下，研究并比较了全球主要制造业出口大国贸易持续时间的特征及相关影响因素。再次，从中国总体、分区域、分所有制、分出口目的地、分出口产品质量、分产品核心程度和分经济类型的 7 个层面描述了中国制造业企业出口持续时间的各个分布特征。最后，利用二元离散模型实证检验企业产品异质性对制造业企业出口持续时间的影响。

从国家—产品—国家的匹配关系链来看：（1）从世界主要制造业大国

出口贸易持续时间而言，总体上中国已经与美国、日本、德国等发达的制造业国家在维持制造业出口贸易关系的能力方面不相上下。然而从制造业产品出口的生存函数形态或者各个时间区间生存率的累积大小等方面考察，情况出现了显著的不同。具体而言，中国制造业出口生存函数在较短的时间内倾斜程度相对不大，但是从图形的局部来看却在某个阈值之后未出现明显的趋缓，而反观其他国家则大致表现为时间较短的区间内比较陡峭，而在某一阈值以后就逐渐变得平缓的基本特征。此外，4 年内中国制造业出口生存率下降的幅度很大，从 70.39% 下降到 27.51%，累积下降幅度高达 42.88%。与传统制造业强国相比，中国制造业产品出口仍有很大的不稳定性，同时即便是已保持较长贸易关系的制造业企业，相比其他发达国家仍面临着更大的失败风险。(2) 从制造业产品出口持续时间的影响因子来看，总体而言，无论是出口目标国的特征变量还是产品层面的特征变量对各国出口持续时间均有显著的影响，但从不同国家来看，一些自变量对制造业产品出口持续时间的影响具有明显的差异，例如中国制造业产品对那些人均收入更高的国家吸引力有限，虽然总量上关系密切，但这一关系并不稳定。

从企业—产品（产品组合）—国家的匹配关系链来看：首先，从中国制造业企业出口贸易关系持续时间的总体特征和分样本特征分析来看，总体上，中国出口企业随着出口贸易关系持续时间的增加，生存率都呈下降趋势，但是 3 年以后下降的幅度明显趋缓；分区域上，相比于中部、西部地区，东部地区企业产品出口的稳定性更高；分所有制上，私营企业和外资企业的生存率明显高于国有企业和集体企业；分出口目的地上，出口到发达国家和地区的企业出口贸易体现了较强的持久性与稳定性；分出口产品质量上，生产高质量产品的企业出口生产率高，持续时间更长，出口产品的质量有助于提高企业的出口持续时间；分核心程度上，不同核心程度产品的生存时间存在显著差异，随着企业—产品核心程度上升，其出口生存概率显著提高；分经济类别上，生产类型为消费品的企业出口生存率大于生产类型为中间品和资本品的出口生存率。其次，企业产品出口质量越高，越有利于产品的出口持续时间提升。企业通过不断巩固自身的质量优势，占据技术含量和质量较高的"产品清单"，有助于持续获得出口红利；增加企业产品的种类和提高企业产品核心程度均可降低企业产品出口的失败概率，从而延长出口持续时间；东部地区企业的出口持续时间更易受到产品质量、产品种类和产品核心程度提高的影响；此外，相较于国有企业和集体企业，外资企业和私营企业的出口持续时间更易受到产品质量、产品种类和产品核心程度提高的影响。

黎　谧
2018 年 3 月

目　　录

第1章　绪论 ……………………………………………………… 1

1.1　研究背景和研究意义 ……………………………………… 1

1.2　文献综述 …………………………………………………… 4

1.3　文献评述 …………………………………………………… 21

1.4　研究方法与框架 …………………………………………… 23

1.5　主要创新点 ………………………………………………… 23

第2章　贸易中"零点"现象的理论解释 ……………………… 25

2.1　经典贸易理论的缺陷 ……………………………………… 25

2.2　基于企业异质性和进入成本的解释 ……………………… 26

2.3　基于信息不对称和出口市场不确定性的解释 …………… 32

2.4　其他的原因 ………………………………………………… 34

第3章　各国制造业出口持续时间的生存函数估计 ………… 36

3.1　估计方法 …………………………………………………… 36

3.2　数据来源与处理说明 ……………………………………… 40

3.3　估计结果分析 ……………………………………………… 42

3.4　小结 ………………………………………………………… 53

第 4 章　各国制造业出口持续时间影响因素分析 ················· 55

　　4.1　估计方法与模型构建 ················· 55

　　4.2　估计结果分析 ················· 60

　　4.3　小结 ················· 68

第 5 章　我国制造业企业出口持续时间测算 ················· 69

　　5.1　估计方法 ················· 69

　　5.2　数据来源与处理说明 ················· 71

　　5.3　估计结果分析 ················· 73

　　5.4　小结 ················· 93

第 6 章　产品异质性对中国制造业企业出口持续时间的

　　　　　影响分析 ················· 94

　　6.1　二元离散选择模型 ················· 94

　　6.2　计量模型设定 ················· 97

　　6.3　变量的选取 ················· 98

　　6.4　计量结果 ················· 108

　　6.5　小结 ················· 125

第 7 章　结论与政策建议 ················· 127

　　7.1　基本结论 ················· 127

　　7.2　政策建议 ················· 129

参考文献 ················· 134

后记 ················· 148

第 *1* 章

绪　论

1.1　研究背景和研究意义

改革开放以来，中国早已确立贸易大国的地位，扮演着"世界工厂"的角色。然而自 2008 年全球金融危机以后，国内劳动力成本不断上升，外需市场亦萎靡不振，长期以来所依赖的"人口红利"即将耗尽。在全世界都急于走出危机的背景下，以美国、德国为代表的先进国家表现抢眼，率先走出危机，并提出重塑制造业竞争力的口号；另外，以印度、墨西哥等为代表的新兴市场国家也利用资源与成本优势抢占国际市场，中国的制造业出口贸易面临着双重夹击，形势不容乐观。从制度方面而言，长期以来我国都秉持出口导向型的发展战略，这一发展战略在促进经济繁荣发展的同时也加剧了我国经济发展对全球经济的依赖，对外部经济过强的依赖性也必然会与外部风险高度相关。在这种状况下，外部经济波动通过贸易途径对我国国内经济造成影响是不可避免的，最直接的体现就是我国出口产品和出口企业在国际市场上的生存状况恶化。现有研究大都以中国自身为研究对象，缺乏国际视野和跨国的比较研究，使得对于贸易格局的认识和理解略有偏颇。同时，贸易格局和形式的演变不仅体现在总量缩减方面，也反映为增量波动方面。为什么大量的企业会频繁地进入和退出国际市场呢？什么样的企业、什么样的产品以及什么样的贸易伙伴更容易维持稳定的贸易关系？近来的一些相关研究为我们提供了一些不一样的视角：中国进口持续时间的中位数仅为 1 年，平均值为 2.26 年（陈勇兵等，2012）[1]，发达国家也面临相似的问题，美国的进口贸易持续期很短，中位数仅为 2~4 年（Besedeš & Prusa，2006）[2]，德国出口贸易持续时间 60% 分布在 1~3 年之间（Nitsch，2009）[3]。经典贸易理论似乎对这一现象解释力不足。例如，大卫·李嘉图的比较优势理论认为，贸易产品和方向由生产率水平差异造成的机会成本决定，相对技术水平不发生重大逆转，那么既定的贸易模式将会持续下去[4]；要素禀赋理论认为，贸易方向和规模由要素禀赋差异决定，同样在不发生逆转的情况下，贸易联系就会一直保持下去（Hu et al.，2005）[5]。类似观点在以垄断竞争为基础的新贸易理论中同样成立。到了新新贸易理论阶段，企业生产率水平成为是否进入国际市场的关键因素，是否出口某产品仅与生产率水平的高低有关，但并未考虑由于产品本身的异质性以及出口市场的异质性对这种贸易关系的影响（Baldwin and Okubo，2006）[6,7]。尽管产品生命周期理论断言贸易模式会随技术的动态演进而改变（Mueller，1972）[8]，但这一进程相对较慢，无法解释贸易持续时间普遍较短的事实。显然，对大量存在的短暂贸易现象找到一个合理的解释并从经验的角度刻画其基本特征，实证其影响因素具有重要的学术价值。

由于国际金融危机的影响，外部经济性不景气使得我国的出口饱受冲击。对于我国这样一个外部依赖性较强的贸易大国而言，"稳出口"

成为政府积极工作的重中之重。然而，当前国内关于稳定出口促增长的贸易研究大都着眼于如下方面：一是从总量角度分析如何通过激励措施促进企业扩大出口，相关政策启示主要涉及出口退税的评价和实施，诚然，此举确实起到了促进出口增长的作用。然而退税政策作用具有短期性的特点，同时也埋下了贸易保护主义反倾销的导火索，长期来看不具有可行性。二是集中于对出口产品和市场多元化的研究，不同于强调总量的集约边际扩张，沿广延边际的扩张极大降低了贸易风险和贸易摩擦。例如，钱学锋和熊平（2010）[9] 在企业异质性贸易理论框架下讨论我国出口增长二元边际的问题，其中得出的一个结论是出口广延边际相对比重较小，要促进出口增长，我国出口企业实施多元化市场战略是有必要的。在全球出口市场中，多产品出口企业普遍存在。而在当前国际产业分工日益深化的国际贸易格局下，不管是发达国家还是发展中国家，多产品出口企业在国际贸易中均扮演着至关重要的角色（钱学锋，2008；汤二子等，2011；包群等，2014）[10～12]。多产品企业框架下的企业出口行为和企业绩效与单一产品企业存在明显差异。在单一产品假定下，企业只能通过调整产品的出口规模来应对贸易自由化的冲击。长期看，多元化确实是保障出口稳定的可选择策略，然而由于出口贸易联系往往表现出持续期较短、不稳定的特征，通常状况下，我国的贸易产品会在短时间内涌入贸易对象国市场，但却很难长期维持在贸易对象国市场内的份额，在比较短的时间内产品就会在贸易对象国市场内逐渐退出。因此在出口市场多元化的基础上，还应该考虑到贸易联系持续期问题。全球和中国制造业贸易持续期有多长？对中国制造业出口贸易持续期的影响因素有哪些？我国制造业企业出口持续时间是否存在分区域和分所有制差异？产品异质性是如何影响我国制造业企业出口持续期的？这些正是本书试图回答的问题。

1.2 文献综述

1.2.1 贸易关系不稳定性的理论解释

传统国际贸易理论主要探究的是国际贸易产生的基础、国际贸易利益等问题，而对于贸易关系是否稳定、国际贸易持续时间则关注甚少。大卫·李嘉图的比较优势理论认为，比较优势是国际分工和国际贸易的基础，比较优势的差异是由于劳动生产率的差异产生的，生产率水平差异造成的机会成本，从而决定了贸易产品和方向，只要相对技术水平不发生重大逆转，则既定的贸易模式将会持续下去；赫克歇尔和俄林的要素禀赋理论认为，各国要素禀赋的差异导致了各国产品生产成本不同，最终影响各国商品的价格，由于这种商品价格的差异产生了国际贸易，只要要素禀赋不发生逆转，贸易方向和规模则不会发生改变，贸易联系就会一直保持下去。类似观点在以垄断竞争为基础的新贸易理论中同样成立。尽管产品生命周期理论断言贸易模式会随技术的动态演进而改变，但这一进程相对较慢，无法解释贸易持续时间普遍较短的事实。进入新新贸易理论阶段，企业生产率水平成为是否进入国际市场的关系因素，是否出口某产品仅与生产率水平的高低有关[13,14]，但并未考虑由于产品本身的异质性以及出口市场的异质性对这种贸易关系的影响。显然，对大量存在的短暂贸易现象找到一个合理的解释具有重要的理论价值。2003 年诞生的新新贸易理论（new-new trade theory）以微观企业为研究视角刻画了企业间的异质性特征对出口的影响，较好地回答了"什么样的企业会出口的问题"以及"为什么企业会出口"，也从一个侧面刻画了贸易关系不稳定性的理论依据。该理论的核心在于假设企业生产率水平是异质性的，来自一个连续统计上的随机分布取值，而不是像先前贸易理论那样假设企业同质性，只是外在的市场结构差异影响到企业行为。故此，新新贸易理论又被称为异质性企业贸易理论。相关理论的研究主要是基于企业和企业—产品视角。

企业异质性贸易理论的奠基人梅里兹（Melitz，2003）[13]以克鲁格曼（Krugman，1980）[15]和霍彭海恩（Hopenhayn，1992）[16]的模型为基础，通过引入企业生产率水平异质性的基本假设，在一般均衡的框架下刻画了超越克鲁格曼理论的新特征，研究结果显示，开放的贸易条件下，生产率较高的企业将能够依赖较高的生产率水平克服由于贸易导致的成本从而进入出口市场获得更大的市场份额，生产率次之的企业仅能满足国内市场，而生产率最低的企业无法在均衡条件下覆盖进入市场所需的沉没成本从而退出市场，这一行业内的优胜劣汰将使得资源在企业间重新配置，进而使得整个行业总体的生产率得以提高。此后，用微观企业数据检验出口决定因素的文献才开始明确提出"异质性"的假设。值得注意的是，第一，梅里兹（Melitz，2003）[13]引入了沉没成本，但是认为沉没成本发生在出口之前；第二，模型包含某些波动（shocks），比如生产率、每期的固定成本等因素，而正是这些"波动"使得企业面临不确定性的决策环境，因此引起了贸易关系的稳定性问题。伯纳德等（Bernard et al.，2004）[17]在伯特兰德竞争（Bertrand competition）[18]和李嘉图的理论框架下进一步引入企业异质性、产业要素密集度差异以及国家间要素禀赋等因素。由于可变贸易成本的存在，只有生产率较高、生产成本较低的企业才能选择出口。较梅里兹（Melitz，2003）而言，伯纳德等（Bernard et al.，2004）强调了进口竞争的影响，随着工人由低生产率企业转向高生产率的出口企业进而使得行业生产率提高。本质上而言，决定出口的企业异质性已经不再是生产率一种因素，而是拓展为企业规模和生产率两种特征。

很多研究者对梅里兹模型进行了动态化拓展（Falvey et al.，2006；Zhao and Haruyama，2010；Ederington and Mccalman，2008；Egger and Kreickemeier，2009）[19~22]。类似于梅里兹，相关研究仍然强调不确定性企业决策环境。进一步，导致这种不确定性的主要来源可以是技术和竞争对手生产率的变化、人力资源差异，它们最终通过生产率水平来影响企业行为，左右企业退出市场或进入市场的决定。另一个重要的不确定性来源是每期固定成本的波动。在动态扩展的梅里兹模型中，这一波动和生产率的波动对企业出口决策影响相似。代表性研究还有塞古拉－卡尤埃拉和维拉鲁比亚（Segura-Cayuela and Vilarrubia，2008）[23]：企业通过选择每期支付一个固定成本，并计算进入一个出口市场的进入成本的大小来决策是否出口。由于在时间维度上可以选择等待，企业面临的不确定性越高，企业就会越少地进入出口市场。如果生产率的随机性过大，使得企业的期望收入低于企业每期支付的固定成本，则企业预期盈利将很小，企业因此会退出市场。科尔等（Cole et al.，2013）[24]则运用新兴市场国家2001~2004年制造业的调查数据研究发现，企业异质性特征和沉没成本均是企业出口决策的重要因素，进一步考虑制度类型异质性，发现外资较内资企业具有更高的出口倾向。达斯等（Das et al.，2007）[25]建立了一个同时刻画企业出口多少和参与决策的结构化动态模型，他们通过考虑出口利润中新出口商的市场进入成本要素和企业层面的异质性，基于3个哥伦比亚制造业企业层面的面板数据，采用贝叶斯（Bayesian）和马尔科夫链蒙特卡罗（Markov chain Monte Carlo）方法估计量进行分析。研究结果证实了沉没成本和生产企业异质性等因素对出口参与决策的显著影响。

另一种关于贸易关系不稳定性的解释是基于信息不对称的视角。劳赫和沃森（Rauch and Watson，2003）[26]分析了信息不完全对贸易联系持续期产生的影响。劳赫和沃森的模型分为三个阶段：搜寻、投资以及匹配和再匹配。第一阶段，进口商在众多潜在生产成本各不相同的供应商中搜寻。

进口商需要付出搜寻成本从而与某供应商匹配，在匹配之后进口商可立即获知供应商的成本情况，但对其是否有能力完成大额订单无法确定。第二阶段，进口商需要支付投资费用对供应商进行生产培训，以使其能够扩大规模完成大额订单，但这种培训不一定奏效。进口商可以先让供应商完成小额订单从而观察其生产能力，如果对供应商的这一试探性结果导致无法出口成功则终止贸易关系。第三阶段，如果供应商能够完成大额订单，则这一回合双方可以实现匹配，此时，进口商可以进一步借助这种合作关系获得供应商网络的某些信息，进而也有可能开始新的搜寻，发现更优的生产成本和生产能力，从而重复上述过程与新的供应商再匹配。因此，频繁的进入与退出是由于信息的不完全导致的，短暂的贸易关系就成为难以避免的现象。

1.2.2　对贸易持续时间的理论研究

目前，国外文献对贸易关系持续时间的研究已经比较成熟，但由于我国对外经济贸易活动开始较晚，所以我国经济学者对贸易关系持续时间的研究还处在探索与尝试阶段，我国有关贸易关系持续时间的研究文献还比较少。目前还没有一个完整的理论框架可以全面阐述贸易关系的持续时间。根据国内外学者对出口贸易关系持续时间的研究层面的不同，本书对现有文献进行了梳理，从进口贸易持续时间和出口贸易持续时间两个方面进行综述。

1.2.2.1　进口贸易持续时间的相关研究

进口贸易持续时间的研究始于 2006 年，国外进口贸易持续时间的研究有以下主要成果：毕思德和普吕萨（Besedeš and Prusa，2006）[2]开创性提出了"贸易持续时间"的概念。他们定义了两个关键性概念：贸易关系指的是某一企业或者产品进入某一国外市场到退出该市场的状态；贸易关系的持续时间指的是某一企业或者产品从进入某一国外市场直至退出该市场并且中间没有间断所经历的时间。并利用 1989~2001 年 HS-10 位数和 1972~1988 年 TS-7 位数高度细分国际贸易数据，深入研究了美国进口贸易持续时间状况，结果表明整体上美国进口持续时间较短，其中位数（median）仅为 2~4 年，且进口贸易发生后一年的生存率仅有 67%，并在此后急速下降。并利用考克斯比例风险（proportional hazard）模型分析了相关决定性因素对美国进口贸易持续时间的影响。最后，毕思德和普吕萨（Besedeš and Prusa，2006）[27]基于劳赫（Rauch，2003）分类方法[26]，将产品种类划分为价格比较型、差异化和同质型商品三类，结果表明同质性商品的危险率要高于差异化 3 倍，且对于每一种类商品，如果初始贸易额越小，其进口贸易持续时间将会越短。蒂博尔·毕思德（Tibor Besedeš，2008）[26]在上一篇研究的基础上进一步深入研究产品层面上美国进口持续时间的问题，并利用卡普兰—迈尔（Kaplan-Meier）乘积限估计方法和关于连续时间序列数据的考克斯比例风险模型实证研究了发展中国家和美国的进口贸易持续关系，结果表明：如果供应商和进口商彼此之间越信任，搜寻成本就越低，进口贸易持续时间就越长；较大的进口初始贸易额将加强进口商对供应商的信任程度，即初始贸易额越大，进口产品持续时间就越长。克尔·尼奇（Ker Nitsch，2009）[3]在毕思德和普吕萨的研究基础上，利用欧盟统计局（Eurostat）数据库中 1995~2005 年 CN-8 位数的高度细分产业层面数据，利用卡普兰—迈尔估计方法研究德国进口持续时间的现状，并利用连续时间序列之考克斯比例风险模型分析相关因素对德国进口贸易持续时间的影响，研究发现：①大多数德国企业进口持续时间较短，其中位数持续时间仅为 1~3 年。②产品种类、市场结构和出口商特征影响了德国产品进口持续时间，以下三种特征是德国进口持续时间长的重要因素：较低的产品替代弹性和较高的进口贸易额；进口国和供应商之间存在大量的双边贸易；进口主要来源于经济强国或者与德国靠近的国家。赫斯和佩尔松（Hess and Persson，2010）[28]利用1962～2006年140个非欧盟国家对欧盟15国的进口数据，运用考克斯比例风险模型，结果发现：欧盟国家进口持续时间非常短暂，其中位数（median）仅为1年，且进口贸易发生后一年的生存率仅有60%；若进口企业能够在前期保持住进口贸易关系，未来进口贸易关系的生存率将趋于稳定；进口多元化深刻影响了进口欧盟的产品持续时间，包括了进口产品种类数、进口的市场数，这些因素促进了进口贸易持续时间，即进口产品越多元化，进口贸易持续时间将越长。毕思德和普吕萨（Besedeš and Prusa，2013）[29]利用Probit计量分析方法来研究美国季度进口数据，认为反倾销行为会降低进口产品的存活率，同时不同阶段的反倾销调查的危险率也不同。政府的反倾销行为会增加50%以上的进口贸易风险率。他们还认为反倾销行为对进口贸易持续时间在初期的抑制作用比在后期的作用大。同时征高额税在初期不利于贸易关系的持续，但是在后期则对贸易关系影响较少。征收低关税对贸易关系的影响虽较小但更持久，这说明了低关税不利于长期进口贸易。

可能受国内对进口产品持续时间的重视程度较国外弱的原因，国内关于进口贸易生存的研究晚于国外。钱意（2012）利用CEPII – BACI数据库中我国1998～2006年9年的HS6位高度细分的进口贸易数据，利用生存分析法中离散时间序列Cloglog模型实证研究了我国进口产品持续时间的现状和相关因素对我国进口产品持续时间的影响，研究发现：我国进口产品持续时间相对较短；进口市场特征、进口产品特征和进口来源国特征均显著地影响我国进口贸易关系的稳定。他认为双边贸易是促进贸易关系稳定的重要因素，故进口商和出口商应该进一步加强双边贸易以深化进口贸易关系的持续。此外，吕志名（2012）[31]也认同钱意的观点，还认为汇率的稳定有利于我国长期进口贸易，并为我国政府稳定人民币汇率提供了有利的依据。陈勇兵等（2013）[32] 也基于 1998～2006 年 CEPII-BACI 数据库的 HS6 位高度细分的我国进口贸易数据，研究我国进口持续时间及其重要影响因素，结果发现大多数中国进口持续时间比较短，中位数仅为 1 年，其均值为 2.26 年。倪青山、曾帆（2013）[33] 依据 2000～2006 年中国海关数据库中 HS6 位进口贸易数据，利用生存分析法中卡普兰—迈尔估计法和离散时间序列 Cloglog 模型实证分析了产品—企业层面的我国进口持续时间及其影响因素，研究表明：我国进口产品持续时间依然比较短，且进口贸易关系仍在不断地动态调整；进口交易额、进口国 GDP 和初始交易额等因素有利于我国进口持续时间的提升，我国与进口国的距离却不利于进口贸易关系的稳定；随着一个进口贸易关系的解释，新的进口贸易关系也会形成。逯宇铎等（2015）[34] 依据中国海关与工业企业中的 HS - 8 位产品与企业层面的匹配数据，对中国企业的进口持续时间进行了分析。在运用生存分析方法之卡普兰—迈尔方法对 2000～2006 年中国不同类型进口企业贸易关系的持续时间进行了测算后发现，总体上中国进口贸易关系的持续时间比较短暂，平均持续期只有 1.8 年，外资企业和低关税进口企业的进口贸易关系更为稳定，再基于离散时间序列 Cloglog 模型实证检验进口持续时间的影响因素，结果发现进口企业特征、企业所有制和进口关系显著影响了我国进口持续时间。朱映迪（2015）[35] 基于联合国商品贸易统计数据库（UN Comtrade）中 1996～2012 年 HS6 分位产品数据和生存分析法对美国出口中国农产品贸易持续时间及其影响因素进行研究。结果表明，美国出口中国农产品贸易持续时间的平均值为 9.75 年，中位值为 12 年，且危险率呈现负时间依存性，但后期有增加的趋势。同时考察了产品类型差异和初始贸易额对美国出口中国农产品贸易持续时间的影响，结果证明其影响显著。

1.2.2.2　出口贸易持续时间的相关研究

国外关于出口贸易持续时间研究有以下主要成果：布伦顿（Brenton，2009）[36]运用1985～2005年发展中国家的出口贸易细分数据，利用生存分析方法研究了大量发展中国家的出口持续时间的分布规律，研究表明大多数发展中国家的出口持续时间较短，中位值仅为1～2年，仅有不到33%的发展中国家的企业出口贸易持续时间可以超过5年。福加萨和莫丽娜（Fugazza and Molina，2009）[37]分析了出口国经济规模对出口持续时间的影响，研究发现一国的经济发展水平对出口贸易关系的持续时间是正相关关系，且一国的产品出口贸易关系持续时间长短会伴随着该出口国经济发展水平的提高而延长。奈尔–赖克特（Nair-Reichert，2009）[38]通过对印度出口企业行业数据的分析，利用了生存分析的方法，通过对印度出口企业层面的贸易关系持续时间的研究指出，印度出口企业在出口贸易中贸易关系的持续时间中位数为4年。毕思德和布莱德（Besedeš and Blyde，2010）[39]利用SITC–4位数的拉丁美洲地区出口数据分析了该地区出口贸易持续时间的分布规律，研究发现该地区出口持续时间也较短，且出口贸易关系危险率高于欧盟、东亚地区和美国，分别比欧盟、东亚和美国低5%、6%和11%。且在拉丁美洲地区内部，不同区域间出口贸易持续时间也存在较大差异，南部发达地区的企业出口生存率较高，但大多数依然低于美国、欧盟和东亚地区的生存率。小桥绫子（Ayako Obashi，2010）[40]从贸易联系持续期角度考察了东亚生产网络的稳定性，结果发现，基于生产网络中间产品的零部件贸易具有较高稳定性，其进口贸易时间持续期也较长，尤其是东亚内部间中间产品的进口贸易持续期更长，也更为稳定。毕思德和普吕萨（Besedeš and Prusa，2011）[41]用SITC–4位数的出口贸易数据分析了46个国家出口产品持续时间，发现所有地区出口贸易关系持续时间的中位值仅为 1~2 年，并存在显著的区域间差异，大多数发达国家和少许实力较强的发展中国家的产品出口持续时间较长，但即便是出口国为发达国家也仅有不到 25% 的进口贸易持续时间超过 5 年，他们还认为发展中国家若进一步提高出口产品的稳定性，将有利于出口贸易的持续快速发展。斯蒂夫－佩雷等（Steve-Pérez et al.，2011）[42] 运用 1997~2006 年西班牙企业层面的出口贸易数据分析西班牙出口贸易持续时间的分布规律，研究表明西班牙企业出口持续时间比较短，中位数仅为 2 年。仅有 53% 的西班牙企业出口持续时间段在第 1 年仍未结束。福加萨和莫丽娜（Fugazza and Molina，2011）[43] 的研究也表明贸易关系的持续时间会随着出口国经济发展水平的提高而提高。另外，布伦顿等（Brenton et al.，2009）[36] 基于 82 个发展中国家 1985~2005 年细分贸易数据研究也表明只有 1/3 的贸易持续时间段超过了 5 年。嘉博·贝克斯和巴拉萨斯·牟拉科奇（Gábor Békés and Balázs Muraközy，2012）[44] 将出口贸易持续时间为 4 年以内定义为"短暂出口贸易"，并运用 1992~2003 年匈牙利进口贸易数据，从企业异质性角度出发，分别研究匈牙利产品层面和企业层面的出口持续时间的分布规律，结果表明超过一半的产品和 1/3 的企业出口是不稳定的。

近年来国内学者们对出口贸易持续时间的研究也愈加重视，邵军（2011）[45] 详细介绍了中国出口贸易持续时间中所利用到的生存分析估计方法，并利用我国 1995~2007 年 HS-6 位数精细编码分类的出口产品数据，运用卡普兰—迈尔估计法发现我国出口持续时间的中位数仅为 2 年，其均值为 2.84 年；然后进一步基于韦布尔分布（Weibull distribution）和指数分布（exponential distribution）模型、半参数考克斯比例风险模型等研究相关因素对我国出口持续时间的影响。何树全、张秀霞（2011）[46] 运用中国 1989~2008 年出口到美国的农产品数据，并利用生存分析法发现我国对美国的农产品出口持续时间较短，农产品出口持续时间的中位数仅为 2 年，其均值达 3.9 年。郭慧慧（2011）[47] 也将中国农产品出口持续时间作为主要研究对象，并分别对日本、美国、澳大利亚等 5 个出口目的国研究我国农产品出口持续时间的现状；并根据出口目的国的不同特征从初始贸易额、GDP、贸易国语言、人均 GDP 和贸易国之间的距离等影响因素，探究这些因素对我国农产品出口贸易持续时间异质性影响。中国农产品出口贸易的贸易关系如果能在贸易发生的初始几年持续下去，在接下来的持续期间中断的可能性就会越来越小。陈勇兵、蒋灵多（2012）[48]也基于1998～2006 年 CEPII - BACI 数据库的 HS6 位高度细分的我国农产品出口数据，运用生存分析法实证分析了我国农产品出口持续时间的分布规律。研究发现我国农产品出口持续时间相对较短，中位值为 2 年。然后利用 Cloglog 模型实证分析了我国农产品出口持续时间的影响因素。同年，夏帆（2012）[49]基于 2000～2006 年中国海关数据库的中国向各个出口目的国出口的总数，利用卡普兰—迈尔乘积限估计量和考克斯比例风险模型研究表明：宏观层面上，贸易关系特征层面和国家引力层面均显著促进了中国的出口贸易持续时间的提升；微观层面上，我国企业出口的贸易关系存在时刻调整和变化的状态；地区层面上，东部地区与中西部地区的出口稳定性不一致，东部地区的出口产品初始贸易额和贸易双方为同种语言会极大提高出口持续时间，而中西部地区却恰恰相反，原因在于我国沿海和内陆地区间的激烈的贸易竞争现象。魏自儒（2013）[50]在此基础上，还探讨进入出口目的国顺序对企业出口持续时间的影响。此外，杜运苏、杨玲（2013）[51]整理和分析了 CEPII - BACI 数据库的出口贸易数据，运用生存分析的方法中卡普兰—迈尔估计方法研究我国在 1995～2010 年的出口持续时间的分布规律。结果表明我国出口贸易持续时间依然相当短暂，中位值仅为 2 年。且我国出口贸易生存时间存在以 4 年为界的"门槛值"，当我国贸易关系建立初期时企业出口的生存率极低，不过一旦出口持续时间超过 4 年，贸易关系失败的危险率将趋于平缓，这说明了企业坚持 4 年后，企业将更容易长期稳定的出口。然后进一步利用生存分析法中的考克斯比例风险模型研究贸易国距离、产品多元化、经济规模、人民币汇率和初始贸易额等因素如何影响我国出口持续时间。

林常青（2014）[52]收集和整理了联合国商品贸易统计数据库中我国对美国出口的 HS-6 海关编码数据，运用生存分析法研究我国对美国出口的产品持续时间。研究发现我国对美国产品出口持续时间依然较短，中位值为 1 年，平均值仅为 2.29 年。此外，从差异化产品、参考价格产品和同质产品等角度研究产品异质性对中国出口美国产品持续时间的影响。同年林常青、张相文（2014）[53]运用卡普兰—迈尔估计法评估了我国出口产品及其分类产品的现状，并运用离散时间 Probit、Logit、Cloglog 模型研究东盟自贸区对我国出口持续时间的影响。研究表明：我国对东盟自贸区出口贸易持续时间比较短暂；中国—东盟自贸区成立有利于提高我国出口产品持续时间；我国对该自贸区的出口贸易关系比中国对非该自贸区的出口稳定性更高。同年，胡菡月（2014）[54]利用联合国商品贸易统计数据库里日本、美国、中国、俄罗斯、巴西五国的 HS6 位出口数据，利用卡普兰—迈尔估计法分析这 5 个国家出口持续时间的不同规律，其研究表明：我国的出口持续时间最长，平均为 3.6～5.6 年，远长于其他四国：日本为 2.2～4.9 年，俄罗斯为 2～3.3 年，巴西为 2.4～4.1 年，美国为 2.4～4.9 年。张亚斌等（2014）[55]利用微观贸易数据库研究我国制造业出口持续时间的分布规律，研究表明：短期内我国制造业整体上贸易关系不稳定，失败风险依然较高；在长期维持制造业出口持续时间方面，中国制造业出口稳定性与日本、德国、美国等制造业强国基本一致；不同的出口目的国的影响因子对我国制造业出口贸易持续时间的影响存在明显差异。同年，林常青（2014）[56]运用 1990～2006 年我国对美国产品出口的数据，利用离散随机时间序列的 Logit、Probit 和 Cloglog 模型来研究美国对中国的反倾销策略如何影响我国对美国出口持续时间。研究表明：美国对中国的反倾销策略不利于中国对美国出口贸易的稳定性；征收低关税对贸易关系的影响较小但更持久，这说明了低关税不利于长期进口贸易；反倾销行为对进口贸易持续时间在初期的抑制作用在后期的作用。同时征高额税在初期不利于贸易关系的持续，但是在后期则对贸易关系影响较少。谭晶荣、童晓乐（2014）[57]基于 WITS 数据库的 1995～2012 年间金砖国家与中国的 HS－6 分位的双边贸易数据，运用卡普兰—迈尔估计法实证研究我国与金砖国家进出口贸易持续时间及其影响因素。研究表明：金砖国家与我国的双边贸易持续时间比较短暂，均值仅为 4.1 年，其中 48% 的贸易关系持续时间不到 1 年；我国与金砖国家的初始贸易额将提升双边贸易持续时间；双边不同类型的产品进出口持续时间存在明显差异。雷昭明（2015）[58]利用跨国贸易数据从贸易关系持续时间、贸易关系生存函数这两个方面对此进行实证检验。发现东亚生产网络内的零部件贸易与最终品贸易相比有着更强的持续性。第一，零部件贸易的持续性要好于最终品贸易；第二，贸易关系的生存函数表现出明显的门槛效应，而且风险函数呈现了负时间依赖性；第三，中国在网络内贸易关系的持续性要优于其他国家。舒杏、霍伟东和王佳（2015）[59]利用联合国商品贸易统计数据库 1998～2010 年产品层面的微观数据，客观估计了我国对新兴经济体国家的出口持续时间。结果发现，我国产品出口持续时间普遍较短，均值不到 4 年，且贸易关系失败的概率具有明显的负时间依赖性。我们进一步利用离散时间生存模型考察出口持续时间的影响因素，结果表明，引力变量对出口持续时间的影响与其对双边贸易流量的影响一致；同时，国家风险、贸易固定成本、汇率的波动、签订人民币互换协议、贸易竞争性和互补性、初始贸易额以及产品多元化均会对出口持续时间产生显著影响。

1.2.3 贸易持续时间的影响因素：经验研究

目前，国内外对贸易持续时间的计量分析主要有基于两个模型：连续时间的考克斯比例风险模型和离散时间比例风险模型。计量模型的选择可能会使计量结果产生差异，但总结贸易持续时间影响因素的实证文献，对风险率的效应基本是一致的。本书在国家层面、产品层面和企业层面上对这些影响因素及其对贸易持续时间的影响效应进行了分类讨论。

1.2.3.1　国家层面

本书将影响因素分为引力变量和国家风险变量。

1. 引力变量（gravity variables）

引力变量是指贸易国的双边贸易模式和双边贸易流量，其显著地影响了出口国产品的出口持续时间。目前多数文献都引入了引力变量，包括国家规模、贸易国之间距离、贸易国是否接壤、是否有共同语言等，并且得出的结论基本是一致的（Esteve-Pérez et al.，2011；Besedeš and Prusa，2006b；Fugazza and Molina，2011；Hess and Persson，2010；Obashi，2009；Nitsch，2009）[3, 27, 28, 37,40,42]。为此，我们将分别综述这些对出口贸易持续时间产生重要影响的引力变量。

（1）国家规模主要是指出口目的国的经济实力，最常用且最具权威性的指标是该国的年度 GDP。通常情况下，数值较大的国家，具有较大的国家经济规模，拥有丰富的贸易产品需求市场，拥有巨大的市场潜力，这都有助于该国进出口贸易关系的维持，较大的数值往往能带来一国较长的双边贸易关系持续时间[60~62]。

（2）贸易国之间的距离是指贸易活动的参与双方在客观空间上的地理距离。倪青山、曾帆（2013）[33]认为我国与出口目的地的双边距离越远，贸易产品的运输费用越大。因此较远的双边距离或许会使得具有价格优势或者产品质量优势的产品因高昂的运输成本的增加而降低其出口产品在海外市场的竞争力，进而威胁到我国企业产品在海外国家的市场占有率，因此，地理距离反映了中国与出口目的地之间的贸易成本，距离越远，运输成本越高，越不利于出口贸易关系的生存。贸易国的双边距离越远，我国企业出口持续时间则相对较短。

（3）贸易国是否接壤。在研究贸易双方运输是否便捷时，最理想的状态是两国之间领土接壤。因为如果贸易双方领土接壤往往具有较短的运输距离，可以有效降低运输成本，这将给双边贸易带来在距离上带来巨大利益，有利于产品出口贸易的持续健康稳定，因此贸易双方如果有共同的边境将有贸易关系持续时间更长[63~65]。

（4）双边贸易国是否具有共同语言，语言是企业间贸易交流活动的重要载体，流畅的语言或者书信交流促进企业间贸易关系的持续。当双方拥有相似的语言文化基础，即我国和出口目的国有共同语言，将使企业在贸易谈判中不会出现语言沟通障碍，提高贸易沟通效率，进而相对降低贸易交易过程中的贸易成本[66~68]。因此，贸易国之间具有相同的语言从理论上讲对贸易关系的持续时间的延迟有积极作用；相对的，如果贸易国之间的语言不同，就会在一定程度上提高贸易活动的沟通成本，在一定程度上降低贸易活动的沟通效率，从而影响贸易关系持续时间的维持[69]。

2. 国家风险

国家层面影响因素除了引力变量，还有一个重要的影响因子是国家风险变量，类似与经济风险，国家风险的评估将严重影响企业对经济行为的决策。一般来说，外贸企业会对出口目的国的目的国的市场经济风险和国家风险情况进行一系列的分类和评级。国家风险情况将影响贸易双方的产品交易的意愿，并影响了产品出口持续时间[70~73]。小桥绫子（Ayako Obashi，2010）[40]在研究东亚地区出口贸易持续时间时引入了国家风险等级（country credit rating）变量，她认为如果国家风险等级越低，对其出口的产品存活率则相对较高，即有利于贸易关系的稳定。倪青山（2013）[33]认为国家风险对出口持续时间的影响主要在于影响进出口商对是否进行贸易活动的决策。较低的风险评价的贸易对象国的企业更易受到进口商的关注并获得持续稳定的出口机会，从而提高出口持续时间。

1.2.3.2 企业层面

与贸易相关的企业特征，主要包括贸易地区多样化、企业规模、所有权结构、初始贸易额和生产率等。

（1）企业贸易地区的多样化是指贸易企业在进行贸易活动时使企业在出口目的国市场的地理分布上形成多样化的构成方式，以规避单一出口目的市场可能面临的贸易风险，达到延长贸易关系持续时间的目的。出口结构多样化的企业在面临外部冲击时可以有更多的选择，从而分散了企业出口风险，降低了贸易关系的失败风险[74~79]。托瓦尔和马丁内斯（Tovar and Martínez, 2009）[80]利用哥伦比亚的企业数据，发现企业在产品出口的过程中应重视拓展新兴市场，而不能一味地研发和出口新产品。埃斯特维-佩雷斯等（Esteve-Pérez et al., 2011）[42]也指出目的国的数量越多，则出口商面临较少的不确定性，从而比单一市场的出口商出口持续时间长。多元化的企业可以从知识外溢中获益，因为这些企业可获得更多在海外市场出口的信息，来改善企业的出口绩效，从而延长了出口持续时间（Hess and Persson, 2010b）[28]。

（2）企业规模是指企业的人员规模、资金规模、经济规模等综合实力。企业规模大往往说明了企业拥有较强的产品生产能力、较多的从业人员数、较多的资产总额。相较于小规模的出口企业，这些企业往往拥有更好的发展前景和生产效率[81~85]。凭借其较高的出口产品质量、便捷的出口渠道和高效率的人力资本，规模大的企业在进行出口中具有较大的竞争优势；同时，较大的企业规模也会为企业树立较好资信，提高企业产品出口的持续时间。因此，企业规模越大，企业产品出口到海外市场的生存率越高（Boston and Nair-Eichert，2003；Esteve-Erez et al.，2011）[38,42]，规模较大的出口企业的产品往往具有较强的竞争力，有利于贸易关系的持续稳定。

（3）企业的所有权结构是指企业的股权结构。根据企业对所有股份的分配及各方占有比例大小的顺序可以分为国有企业、集体企业、外资企业和私营企业四种不同所有权结构的企业类型，不同类型所有制基础的企业对企业出口影响力存在明显差异[86~91]。许昌平（2013）[87]认为不同所有制结构对企业出口贸易的影响不同，国有企业与其他三种企业相比，贸易往来时往往缺乏有效的沟通渠道，提高了国有企业贸易成本，造成其出口产品竞争力下降，最终降低了产品出口的存活率。此外，罗长远等（2011）[92]认为外资企业在投资时享有一系列政策优惠，有效降低出口贸易成本，并在出口目的地进行投资设厂，大大降低了贸易成本，增强企业出口产品竞争能力；同时，外资企业拥有先天的沟通渠道优势，更容易了解和获取出口目的市场的需求，因此外资企业或者合资企业更有利于出口产品的持续稳定。

（4）企业与目的市场的初始贸易额。出口产品的初始贸易总额有利于出口持续时间的提高，双边贸易的初始贸易额是在数据观测范围内的贸易关系形成时首次产品交易总金额。因为信息存在不对称，出口企业往往无法知晓产品出口市场的充分信息，所以出口企业的最优出口策略是进入出口市场，将其看作一个探究该市场的出口成本及掌握该市场完善的出口信息的尝试[93]。初始贸易额较小时企业和进口商间的贸易往往不稳定，更多是处在试探性相互贸易，但如果贸易额很大则说明了贸易双方之间已经建立了相互信任机制，建立了较好的合作关系，企业产品出口将愈加稳定。因此，贸易额越大，贸易双方将越信任彼此，这段贸易关系的生存率将越高（Besedeš and Prusa，2006；Hess and Persson，2010b；Esteve Perez et al.，2011）[2,28,42]，我们预期其对出口持续时间有正向影响。

（5）企业的生产率是指企业生产产品的劳动者在一定的时间内创造的劳动产出值与投入劳动量的比值。在产品同质的情况下，企业的全要素生产率越高，其出口产品由要素投入带来的单位产品价格优势越大，使得这些企业出口的产品比海外其他同类产品有更高的产品竞争力，降低了产品退出海外市场的可能性，故企业生产率对贸易关系持续时间具有正向的影响（Roberts，2007；Volpe and Carballo，2010；毛其淋，2013；刘晓宁，2015；魏方，2015）[94~98]。埃斯特维（Esteve，2007）[99]的研究表明企业生产率与出口持续时间正相关。企业生产率会提高企业在出口市场的竞争能力，进而提高企业出口生存率。我们预期企业生产率的提高可降低产品出口失败概率，系数结果大于 0。

1.2.3.3　产品特征

围绕企业出口产品的特征讨论贸易持续时间则相对较少，主要包括产品差异化和产品多样化。

（1）产品的差异化是指企业在经营贸易活动产品的时候，努力通过技术研发实现产品质量的提升和优化，使产品与同类产品在质量上有所区别，通过这种方式满足消费者对产品质量的新要求，通过差异化的供给获得更多的市场份额的贸易战略[100~105]。毕思德和普吕萨（Besedeš and Prusa，2006b）[27]研究了美国出口贸易持续时间和产品差异化之间关系，认为同质产品的危险率要比差异化高 25%，企业出口差异化产品将有利于出口产品的持续稳定。埃斯特维 - 佩雷斯等（Esteve-Pérez et al.，2011）[42]用格鲁贝尔 - 劳埃德（Grubel-Lloyd）产业内贸易指数来衡量产品差异化程度，研究指出产品差异化促进了出口持续时间的提升。阿科拉基斯和穆德勒（Arkolakis and Muendler，2010）[106]与埃克尔等（Eckel et al.，2010）[107]的研究表明，企业的核心产品与非核心产品存在产品异质性，产品在企业出口中的核心程度越高，该产品的竞争能力越强，可降低该产品的出口失败概率。福加萨和莫丽娜（Fugazza and Molina，2011）[37] 分别估算了同质产品和差异化产品下出口贸易持续时间的分布规律，他们认为差异化产品将在出口目的市场保持强劲的竞争力，其出口持续时间将更长，相反，同质产品不利于出口产品持续健康发展。

（2）产品的多样化是指企业在进行贸易活动时使贸易商品的种类形成有区别的多样化的贸易商品构成，以达到规避单一品种产品带来的贸易风险，同时达到延长贸易关系持续时间的目的[108～112]。沃尔普和卡波尔（Volpe and Carball，2009）[113] 考察了秘鲁在 2000～2006 年新出口企业出口持续时间的影响因素，研究表明企业出口的地理多样化和产品多样化都会增加企业持续出口的机会，但是地理多样化比产品多样化更能提高企业在出口市场上的生存率。企业—产品种类数反映了企业的产品多样化程度，出口结构多样化的企业抵御外部冲击的能力更强，从而分散了企业出口风险，降低了贸易关系的失败概率。蒋灵多和陈勇兵（2015）[114] 采用 2000～2006 年中国企业出口数据，构建离散时间生存分析模型探讨了多产品出口企业内异质产品的出口持续时间问题。研究发现，中国多产品出口企业普遍存在，且其企业—产品的出口持续时间较短。多产品出口企业异质产品的出口行为存在差异，企业核心产品的出口持续时间显著长于其边缘产品。因此，企业可通过调整出口产品组合来应对外生环境变动以实现企业资源的更优配置，政府应合理制定贸易政策以促进企业内"可持续"贸易关系的持续发展。

1.3　文献评述

贸易持续时间是一个新兴的国际贸易研究领域，生存或者存活的生存分析概念在出口持续时间得到广泛应用。这类持续时间一般表示为中国的出口企业在从事出口活动中，从进入该目的国的市场到退出该国市场不间断的整个过程中所最终经历的时间，又称为在出口目的地市场上持续的某段时间。所以，从企业层面来分析我国出口贸易持续时间和生存分析方法的内涵是一样的，两者在概念上的是相似的。生存分析（survival analysis）方法是主要分析事件的结束与事件的持续时间的一种分析方法，该方法常常应用于医学、社会学、生物学、经济学和保险学等方面[115~123]。生存分析方法主要分为离散时间序列生存分析方法（Logit 模型、Probit 模型和 Cloglog 模型）和连续时间序列生存分析方法（考克斯比例风险模型和 Cloglog 模型）。

从已有研究来看，国外文献虽然从理论上与经验方法上丰富了相关的研究，但是从研究对象上鲜有纳入中国这个世界最大出口国进行研究的。而国内相关研究则受限于硬件条件及数据源，少有在跨国比较的视角下研究中国出口贸易持续时间的文章，从研究方法上看大都采用 Cloglog 这一参数估计方法进行影响因素分析，没有考虑注入考克斯比例风险等非参数或者半参数估计的优点。基于此，本书参考联合国发布的《世界各国制造业竞争力排名》，选取其中排名前十的国家，在跨国背景下研究各国制造业贸易出口持续时间及影响因素。其次，国内文献在研究我国出口贸易持续时间的维度比较单一，没有考虑更多的特征变量产生的分类。基于此，本书从中国总体、分区域、分所有制、分出口目的地、分出口产品质量、分产品核心程度和分经济类型的 7 个层面描述了中国制造业企业出口持续时间的各个分布特征。再者，在研究贸易持续时间的影响因素，更多的是讨论国家层面和企业层面，较少综合讨论异质性产品特征对贸易持续时间的影响。因此本书将通过 Probit 模型、Logit 模型和 Cloglog 模型，从不同产品质量、多产品种类和不同产品核心程度的三个视角下检验产品异质性对制造业企业出口持续时间的影响。

1.4　研究方法与框架

　　本书主要采用生物医学计量分析中的生存分析方法研究贸易持续时间及影响因素。具体研究框架如下：第 1 章绪论部分主要是对现有研究的回顾与评述以及主要创新点的提出。第 2 章是理论分析，分别基于企业异质性和进入成本、信息不对称和出口市场不确定性两种理论假设下的模型提炼，阐释了贸易经验研究中普遍出现的"零点"现象，同时也介绍了几种其他不同观点对这一现象的解释。第 3 章主要是采用卡普兰—迈尔方法对主要贸易大国制造业出口持续时间的生存函数进行估计，并详尽刻画了其分布特征，在此基础上进行了比较分析。第 4 章主要是采用半参数的考克斯比例风险模型联合 Cloglog 模型进行影响因素分析，并结合估计结果进行了跨国的比较分析。第 5 章将视角聚焦于本国企业与产品，匹配了 2000 ~ 2006 年中国海关数据库和中国工业企业数据库，从总体、分区域、分所有制、分出口目的地、分出口产品质量、分产品核心程度和分经济类型的 7 个层面描述了中国企业出口持续时间的各个分布特征。第 6 章主要是采用二元离散选择模型，实证检验企业异质性对企业出口持续时间的影响。第 7 章是本书的结论与政策建议。

1.5　主要创新点

　　（1）本书分别以全球制造业和我国制造业出口持续时间作为研究对

象。第一，以全球制造业出口持续时间为研究对象，选取联合国发布的《世界各国制造业竞争力排名》中前十位的国家并结合 CEPII-BACI 的 HS－6 贸易数据进行跨国比较研究，将中国置于全球背景下，通过比较分析得到丰富的政策启示。第二，以我国制造业出口持续时间为研究对象，匹配 2000～2006 年中国海关数据库和中国工业企业数据库，基于生存分析法的卡普兰—迈尔乘积限估计方法，探究我国企业产品出口持续时间的各个分布特征。

（2）本书利用 BACI 数据库提供的 1998～2010 年连续时间序列，研究各国制造业出口持续时间时，采用考克斯比例风险模型进行影响因素分析，避免了其他模型大都需要假设待估计参数与危机率（PH model）或者生存时间（AFT model）的特殊函数关系，从而需要指定危机函数形式的弱点。

（3）本书利用匹配 2000～2006 年中国海关数据库和工业企业数据库的离散时间序列，又进一步联合运用 Cloglog 模型，用以弥补考克斯比例风险模型不能解决由于贸易持续时间的节点问题可能引起的有偏系数估计问题，以期获得更为稳健的结果。并将基于二元离散模型从不同产品质量、多产品种类和不同产品核心程度的三个视角分析企业内异质产品的出口持续时间问题。

第 2 章
贸易中"零点"现象的理论解释

2.1 经典贸易理论的缺陷

经典贸易理论详尽解释了国际贸易中贸易时间、贸易种类、贸易主体等各方面问题,也详细介绍贸易产品进出市场的各种因素,但是传统的贸易理论依然无法解释贸易矩阵中出现的"零点"现象。同时,经典贸易理论目前很少讨论贸易产品进出贸易国的影响因素。传统的国际贸易理论中,如果贸易双方产生商品交易的动力,进而发生贸易活动,一旦贸易关系建立之后,就会一直持续下去。例如,在传统的绝对优势和比较优势贸易理论中,贸易产品和方向由生产率水平的绝对差异或差异造成的机会成本决定,绝对技术或相对技术水平不发生重大逆转,那么既定的贸易模式将会持续下去,且在短期内不会变化,形成了贸易国之间在优势驱动力下的贸易关系的稳定;要素禀赋理论认为,贸易方向和规模由要素禀赋差异决定,同样在不发生逆转的情况下,贸易联系就会一直保持下去,由于国家的要素禀赋是相对稳定的，所以在国家要素禀赋差异驱动下的国际贸易关系也是稳定的。

大部分贸易理论将双边贸易关系的维系归结为比较优势、要素禀赋、市场结构、规模经济等方面。传统贸易理论假说的前提是在外部条件没有改变而造成冲击下，双边贸易关系将一直保持下去。当一国驱动贸易的主要因素是其比较优势，那么这个国家会充分利用这个产品的比较优势，长期保持对该产品的出口。相反如果一国如果丧失了某产品的比较优势，那么该外部条件的改变造成了贸易波动，最终可能停止了双边贸易关系。在要素禀赋理论中，如赫克歇尔—俄林—瓦内克（Hecksher-Ohlin-Vanek）的理论框架下，充足的要素禀赋会导致国家产业专业化分工，但是如果价格或者要素无法跨国流动，这种贸易模式将一直保持下去。而在新贸易理论中，需求和技术的改变造成产业内相互贸易的出现，即如果某一产品技术优势的丧失或者产品需求的改变造成企业生产该产品规模经济的丧失，这将冲击到双边贸易的模式，最后在新新贸易理论中，双边贸易模式是企业出口决策结果，如果要使贸易模式的改变，势必冲击出口产品的成本机构，即如果出口成本很大，造成了出口产品的边际成本的改变，使企业产品出口无法获得预期利润或者负利润，最终企业将停止出口行为[124~128]。

所有这些贸易模型中刻画的对于某一给定产品的双边贸易关系既不会退出，同时还会一直保持稳定。但事实上，贸易关系的片段化特征在贸易数据中是十分明显的，即时性的短暂贸易关系在贸易现象中扮演了主要的角色。某一特定产品从某一特定国家出口到某特定目标国家往往仅维持了一年便不再继续了。

2.2　基于企业异质性和进入成本的解释

要从理论上解释"零点"现象，首先要做的是将企业区分开来，这在传统贸易理论中采用代表性企业的假设下是无法实现的。直到梅里兹（Melitz，2003）将异质性企业生产率加入克鲁格曼（Krugman，1980）[15] 的规模报酬递增和垄断竞争条件下的贸易理论模型中，并通过霍彭海恩（Hopenhayn，1992）[16] 垄断竞争的动态产业模型来诠释异质性企业的选择问题，并据此研究贸易对产业生产率和产业内再分配的影响。受益于梅里兹（2003）对模型假设的简化，近年来越来越多的国内外学者对该模型进行不断拓展和延伸，因此梅里兹（2003）是新新贸易理论的奠基之作（Helpman，2006）[129]。异质性企业理论的研究有力解释当今国际贸易现象，即企业生产率越高，其出口倾向越高。本章接下来简要介绍梅里兹（2003）模型。

首先假设消费者偏好是 CES 效用函数，每个企业都生产连续分布形式的差异化产品 w，ρ 表示消费者对多样性产品的偏好程度，并假设生存过程生产要素只有劳动力，且每个企业产品生产具有相同的固定成本 f，但其生产率 φ 却是不同的。因此在封闭条件下，梅里兹（2003）模型的企业利润的函数是：

$$c = \begin{cases} (\varphi/\varphi^*)^{\sigma-1} r(\varphi^*)/\sigma - f & \varphi \geq \varphi^* \\ 0 & \varphi < \varphi^* \end{cases} \qquad (2.1)$$

其中，σ 为两种不同产品的替代弹性，$\sigma = 1/(1-\rho) > 1$，f 为固定成本，r 为企业收益，φ^* 为企业临界点生产率，当只有企业生产率高于临界点生产率（$\varphi \geq \varphi^*$）时企业才会持续产品生产，即 $\pi(\varphi^*) = r(\varphi^*)/\sigma - f = 0$。由此得到：

$$\bar{\pi} = [(\varphi/\varphi^*)^{\sigma-1} - 1]f \qquad (2.2)$$

梅里兹（2003）将式（2.2）定义为企业停止运营条件（zero cutoff profit condition，ZCP）。当 $\varphi \geq \varphi^*$ 时，企业生产率与利润正相关。

若企业预期到未来利润为正，企业才会选择进入某一行业，其中 $\varphi \geqslant$ φ^* 为厂商进入某一行业后利润为正，则有：

$$v_e = E\left[\sum_{t=0}^{\infty} (1-\delta)^t \pi(\varphi) - f_e\right] = \frac{1 - G(\varphi^*)}{\delta} \bar{\pi} - f_e \qquad (2.3)$$

其中，$G(\varphi^*)$ 表示企业生产率分布所对应的累积分布函数，δ 表示企业出现负面冲击的概率，f_e 表示企业进入某一行业的固定成本。只有当 $v_e \geqslant 0$ 时，企业才会选择进入，则有：

$$\bar{\pi} = \delta f_e / [1 - G(\varphi^*)] \qquad (2.4)$$

梅里兹（2003）将式（2.4）定义为企业自由进入条件（free entry condition，FE）。封闭经济中的均衡将由企业自由进入条件和企业停止运营条件共同决定的。

$$\begin{cases} \pi(\varphi^*) = 0 & (ZCP) \\ v_e = 0 & (FE) \end{cases} \Leftrightarrow \begin{cases} \bar{\pi} = [(\varphi/\varphi^*)^{\sigma-1} - 1]f \\ \bar{\pi} = \delta f_e / [1 - G(\varphi^*)] \end{cases} \qquad (2.5)$$

处于开放型条件下，企业如果选择出口，其将获得的利润为 $\pi_x(\varphi)$，即：

$$\pi_x(\varphi) = \tau^{1-\sigma}(\varphi/c)^{\sigma-1}f - f_x \qquad (2.6)$$

显然，企业生产率与企业出口利润成正比。将 φ_x^* 表示为临界的企业出口生产率，即 $\pi(\varphi_x^*) = 0$，当企业生产率高于 φ_x^*，企业才会选择出口。

由此，梅里兹（2003）认为跨国贸易将会为企业带来产业内达尔文进化。第一，生产率水平高的企业快速成长，这些企业产品出口会不断增加贸易市场的利润和市场份额；第二，生产率水平较低的企业也会选择出口，但是如果它们增加出口市场份额，它们的产品利润将会减少；第三，生产率水平更低的企业则停止出口，但它们会选择保留在该行业中，其产品在国内市场销售，这将造成它们的产品利润和市场份额的损失；第四，生产率水平最低的企业将被迫退出市场。

2.2.1　封闭经济中的企业行为

为了进入某个行业，每个企业都必须支付固定的进入成本 $f_e > 0$，这一成本随后便成为沉没成本。企业在进入之前并不知道自身的生产率水平，但在进入之后面临一个共有的生产率分布 $g(\varphi)$ 及其相对应的累积分布 $G(\varphi)$，并从中抽取获得初始的生产率 φ。假定行业中现存企业在每期都面临一个固定概率为 φ 的负面冲击，这一负面冲击有可能迫使企业退出产业。通过这种动态调整，企业生产率 $\mu(\varphi)$ 的均衡分布形状将由 $g(\varphi)$ 和 δ 外生决定。当企业受到负面冲击并出现亏损时，该企业将选择退出，即 $\pi(\varphi) \geq 0$ 是企业继续经营的前提条件。进一步假定不存在时间贴现，那么每个企业的价值函数（value function）可表示为：

$$v(\varphi) = \max\left\{0, \sum_{t=0}^{\infty} (1-\delta)^t \pi(\varphi)\right\} = \max\left\{0, \frac{1}{\delta}\pi(\varphi)\right\} \quad (2.7)$$

由前面的分析可知，利润 π 取决于生产率 φ，据此可以得到一个最低生产率水平 $\varphi^* = \inf\{\varphi : v(\varphi) > 0\}$，并满足 $\pi(\varphi^*) = 0$。很显然，如果 $\varphi < \varphi^*$，那么该企业将停止生产并退出。另外，对于新进的企业而言，如果所抽取的初始生产率低于 φ^*，也会立即退出。

在均衡时，生产率大于 φ^* 的企业进行生产，并且企业生产率 $\mu(\varphi)$ 的分布函数可用如下公式表示：

$$\mu(\varphi) = \begin{cases} \dfrac{g(\varphi)}{1 - G(\varphi^*)} & \varphi \geq \varphi^* \\ 0 & \varphi < \varphi^* \end{cases} \quad (2.8)$$

其中，$p_{in} = 1 - G(\varphi^*)$ 表示成功进入的事前概率，在此基础上，总体生产率可表示为临界点生产率 φ^* 的函数：

$$\tilde{\varphi}(\varphi^*) = \left[\frac{1}{1 - G(\varphi^*)} \int_{\varphi^*}^{\infty} \varphi^{\sigma-1} G(\varphi) d\varphi \right]^{\frac{1}{\sigma-1}} \quad (2.9)$$

由式（2.9）可以看到，总体生产率完全是由临界点生产率 φ^* 决定，据此，行业平均收益和平均利润也可以进一步表示为 φ^* 的函数，即：

$$\bar{r} = r(\tilde{\varphi}) = \left[\frac{\tilde{\varphi}(\varphi^*)}{\varphi^*} \right]^{\sigma-1} r(\varphi^*)$$

$$\bar{\pi} = \pi(\tilde{\varphi}) = \left[\frac{\tilde{\varphi}(\varphi^*)}{\varphi^*} \right]^{\sigma-1} \frac{r(\varphi^*)}{\sigma} - f \quad (2.10)$$

由于临界点企业的利润为零，结合式（2.10）可以得到行业平均利润与临界点生产率 φ^* 之间的关系为：

$$\pi(\varphi^*) = 0 \Leftrightarrow f\left[\left(\frac{\tilde{\varphi}(\varphi^*)}{\varphi^*} \right)^{\sigma-1} - 1 \right] \quad (2.11)$$

式（2.11）在梅里兹（2003）中被称为企业停止运营条件。

在进入之前，潜在的进入企业会将生产经营所得的期望利润与进入固定成本 f_e 进行比较。在稳态均衡时，只要企业持续经营，它将在每期都获得相同的利润水平，这样在给定企业每期固定的消亡概率的情况下，企业进入的净现值可表示为：

$$v_e = E\left[\sum_{t=0}^{\infty} (1-\delta)^t \pi(\varphi) - f_e \right] = \frac{1 - G(\varphi^*)}{\delta} \bar{\pi} - f_e \quad (2.12)$$

从式（2.12）可以看到，只要企业进入后的净现值 v_e 小于零，将没有企业愿意进入；只有当 v_e 大于等于零时，潜在企业才会选择进入。在梅里兹（2003）中，式（2.12）即为自由进入条件。

2.2.2　开放经济中的企业行为

接下来把研究视角从封闭经济转向开放经济，假设国家之间是对称的，并且贸易存在冰山运输成本（iceberg cost），即若要将 1 单位商品出口到外国市场，则需要在本国输出 $\tau > 1$ 单位该商品，这意味着：$\tau - 1$ 单位商品在运输过程中被"融化"掉了；另外，如果企业进入出口市场，需要额外一次性地支付一笔出口固定成本 f_{ex} 或在每期支付 $f_x = \delta f_{ex}$ 的出口固定成本，这主要包括建立国外营销渠道、熟悉国外标准等费用支出。

由上一部分的分析可知，国内市场价格为 $p_d(\varphi) = 1/\rho\varphi$，因为存在冰山运输成本，同一种商品在国外市场的价格应高于国内，即 $p_x(\varphi) = \tau p_d(\varphi)$。在开放经济中，企业收益可分解为国内市场收益 $r_d(\varphi)$ 和国外市场收益 $r_x(\varphi)$ 两部分，并且 $r_x(\varphi) = \tau^{1-\sigma} r_d(\varphi)$，那么企业总收益可表示为：

$$r(\varphi) = \begin{cases} r_d(\varphi) & \text{若企业不出口} \\ (1 + n\tau^{1-\sigma}) r_d(\varphi) & \text{若企业向所有国家出口} \end{cases} \tag{2.13}$$

接下来讨论在开放经济中企业的进入、退出和出口行为。与封闭经济类似，在进入产业之前，企业面对一个共有的生产率分布 $g(\varphi)$ 和固定概率为 δ 的负面冲击，但不同之处在于，若企业要进入出口市场需要每期支付 f_x 的出口固定成本。

国内市场的利润 $\pi_d(\varphi)$ 和国外市场的利润 $\pi_x(\varphi)$ 可用下式表示：

$$\pi_d(\varphi) = \frac{r_d(\varphi)}{\sigma} - f; \quad \pi_x(\varphi) = \frac{r_x(\varphi)}{\sigma} - f_x \tag{2.14}$$

如果 $\pi_x(\varphi) \geqslant 0$，那么企业将向所有 n 个国家进行出口，因此企业总利润可表示为 $\pi(\varphi) = \pi_d(\varphi) + \max\{0, n\pi_x(\varphi)\}$，与封闭经济类似，企业

的价值函数为 $v(\varphi) = \max\{0, \pi_x(\varphi)/\delta\}$。这样可以得到一个临界点生产率 $\varphi^* = \inf\{\varphi : v(\varphi) > 0\}$，并满足 $\pi_d(\varphi^*) = 0$，当企业的生产率 $\varphi > \varphi^*$ 时，该企业将选择进入产业生产。

但是在开放经济中还存在一个出口临界点生产率 $\varphi^* = \inf\{\varphi : \varphi \geqslant \varphi^*$ 且 $\pi_x(\varphi) > 0\}$ 并满足 $\pi_x(\varphi_x^*) = 0$。很显然，φ^* 决定了企业在产业中的进入与退出，φ_x^* 决定了企业在出口市场上的进入与退出。这里有两种情形：如果 $\varphi_x^* = \varphi^*$，那么产业中的所有企业都进行出口，并且处于临界点生产率的企业的总利润和出口利润分别满足 $\pi(\varphi) = \pi_d(\varphi) + n\pi_x(\varphi^*) = 0$ 和 $\pi_x(\varphi^*) \geqslant 0$；如果 $\varphi_x^* > \varphi^*$，那么只有生产率高于 φ_x^* 的企业能够从出口中获得额外利润进而从事国际贸易，而生产率介于 φ^* 和 φ_x^* 之间的企业仅进行国内销售，否则其出口利润将为负。

2.3　基于信息不对称和出口市场不确定性的解释

异质性企业贸易理论之所以大受欢迎，其原因之一是在可加方面能够提供较好的数学形态，但这一技术处理也不可避免地丧失了一些其他方面的经济学含义。现实世界中厂商和消费者不是直接面对面、无摩擦地完成供需对接的，而是面临着很大的信息不对称因素，这将导致供需双方的匹配出现动态博弈的循环过程。本书以劳赫和沃森（Rauch and Watson, 2003）[26] 的研究为基础，在一个进入条件不确定的条件下，解释贸易关系不稳定这一现象。

首先，假设贸易双方建立一个贸易关系需经过三个时期：第一个时期，本国的进口商需要从众多潜在的国外出口供应商中找出与本方生产成本存在差异的供应商，但本国的进口商无法确定出口供应商是否拥有在该生产成本下进行大量生产的生产能力。第二个时期，本国进口商需确定是否向出口进口商一次性支付货款，若出口供应商是值得信任的，那么一次性支付货款将为着出口供应商短期能获得丰厚的收入回报，但若出口供应商并非值得信任，一次性支付货款面临损失风险；同时，本国进口商还必须重新寻找新的出口供应商。另外，本国进口商可以通过一次小额交易测试出口供应商是否值得信赖，但本国进口商的收入回报为 0。第三个时期，当成功寻找到匹配的一个出口进口商后，本国的进口商还将获下个阶段的选择权利，即能重新选择一个值得信任的潜在供应商。

我们形式化上文的构想：假设有 r 概率获得完成大额交易的相关信息，则得不到任何与大额交易相关的信息概率为 $1 - r$，相应的信息成本为 $c(r)$。假设 π 为进口商完成大额交易时获得利润总额折现后的净值，则每一期将未大额交易支付 $(1 - \delta)\pi$，δ 为当期折现率。同时，若大额交易没有成功进行，则进口商获得零利润。参数 p 为出口商所认为大额交易成功的先验概率。I 为进口商为大额交易支付给出口商的金额，设 $c(r)$ 为严格凸函数，满足 $c'(0) = 0$，$\lim_{r \to 1} c'(r) = \infty$。此外，设 w 为搜寻成本和寻找出口商的值，u 是给定出口商的期望值，u^B 是与现任进口商签署大额交易时的期望值，u^L 是与现任进口商签署小额交易时的期望值。

求解该模型：

$$u = \max\{u^B, u^L, u^O\} \tag{2.15}$$

$$u^O = \delta w$$

$$u^B = p\pi + (1 - p)\delta w - I$$

$$u^L = \max\{r(p\delta(\pi - I) + (1 - p)\delta w) + (1 - r)\delta u^L - c(r)\}$$

后证：进行试探性贸易是最优选择，固定 (π, p, I, c)，令 $A = p\delta(\pi - I) + (1 - p)\delta w$，则：

$$u^L = \max\{rA + (1 - r)\delta u^L - c(r)\} \tag{2.16}$$

假设 r^* 是 r 的最优值，一阶条件可得 $A - \delta u^L - c(\acute{r}^*) = 0$，则可以得到：

$$u^L = \frac{Ar^* - c(r^*)}{1 - (1 - r^*)\delta} \tag{2.17}$$

代入一阶条件可得：

$$c(\acute{r}^*) = \frac{(1 - \delta)A + \delta c(r^*)}{1 - (1 - r^*)\delta} \tag{2.18}$$

因 $c(\acute{r})[1 - (1 - r)\delta] - \delta c(r) = (1 - \delta)A$，同时，上式左边的导数为 $c(\acute{r})[1 - (1 - r)\delta] > 0$，结合 $c(\acute{0}) = 0, \lim_{r-1} c(\acute{r}) = \infty$，可知式（2.18）存在唯一解。

因此我们可以得到命题1：进行试探性的小额交易是上述贸易情况下的最优选择，但随着搜寻成本逐步下降，进口商在下一期的最优选择改为搜寻新出口商。

尽管上述三阶段动态随机模型并不复杂，但我们可以利用它探索即时性短暂的国际交易产生的原因所在，即进口商进入市场条件的不确定性和出口商的相关产能信息存在不对称。

2.4　其他的原因

（1）出口商品市场具有不确定性。克罗泽（Crozet，2008）[130] 提出不同市场所征关税导致的影响存在差异，出口市场具有的不确定性因素让所有的进口商面临着同样的市场风险，更严重的是有些出口商并不会因此而遭受利润损失。另外，当出口国际市场的体制存在不完善或汇率等宏观因素过于波动或政府严重腐败时，即使有些出口商的生产能力可以进入出口市场，但还得面临是否需要支付额外的交易成本或者交易过程中利润受损等问题，也因出口商品市场具有不确定性使得某些厂商会突然退出。

（2）贸易技术具有多变灵活性。固定国际贸易成本并非影响出口商进行贸易决策时最为重要的原因。在解释出口商能否维持稳定国际贸易关系时，假设灵活多变的贸易技术将更利于解释贸易现象。在理论模型中假设销售商品的消费者数目与该商品的边际成本具有相关性，所以出口商会尽可能使用不同的手段去接触或者避免接触更多的消费者。另外，在当前数量下预期的运输成本较小时出口商的决策会更多地基于它的可变生产成本[131~133]。

（3）厂商拥有多样化产品。拥有产品多样性的出口商经常调整它的产品组合，而该调整会对维持一些产品国际贸易关系具有重要作用。基于多种跨国证据，阿科拉基斯和穆德勒（Arkolakis and Muendler，2010）[106] 提出出口贸易产品的装运船舶多数来源于拥有多个产品品种的出口商。在其理论模型里，出口商必须为进入市场先支付一定成本，后还将未支付附加产品的相关进入成本、成本数值大小与出口目标国的商品市场量级保持一致。更值得注意的是，这一事实特点将显著影响到出口产品销售的分布，使用巴西产品的出口商、商品以及目标出口国相关的面板数据分析可知，出口商的国际市场销售额与其产品平均销售额呈负向关系，换而言之，拥有产品多样性的厂商的某单一产品的销售额会相对更小。另外，他们还提出这也许能从分布性和规模不经济等方面着手解释。

第 *3* 章

各国制造业出口持续时间的
生存函数估计

3.1 估计方法

3.1.1 生存分析法

生存分析法（survival analysis）是根据调查抽样或者观测搜索过程中得到的数据，通过计量分析方法对事件本身的生存时间的状况进行数理推断和计量分析，来研究观测目标的生存时间与影响事件本身的生存相关影响因素间的关系，以及测定影响因素对事件的存活与否和影响程度大小的研究方法，一般又称为存活率分析法或者生存率分析法，生存分析法来自医学学科对临床病人的寿命和影响它的因素的统计分析，生存分析法由此而得名。

生存分析法通常是通过对事件发生与影响事件发生的相关因素进行调查观测，同时对其发生的规律进行相关的统计分析。如今大量利用生存分析的研究事件尽管与生存概念本身无关，但根据生存分析法中生存理念相类似的存活理念与具体研究事件的特征存在，所以利用生存分析方法对事件进行观测调查和统计分析处理。生存分析法通过长期的发展及改进，如今已形成了以下三种基本方法：

（1）参数方法。参数分析方法是利用多个协变量因素来进行多因素的生存分析方法。首先利用参数估计的方法来统计描述各对象生存的现状，然后分析各个相关因子对研究对象生存时间持续的影响，并获取结果。

（2）半参数方法。主要是通过对研究对象在众多影响因子的作用下的变化情况，并对影响研究对象的相关因子进行分析。半参数方法大多数是指考克斯（Cox）比例风险模型[134]。

（3）非参数方法。主要是通过直观的表达方式对所研究对象的生存的过程做出描述，并进行比较，以得出结果。非参数方法通常是指卡普兰—迈尔（Kaplan-Meier）乘积限估计量法[135]。

当今，"生存"概念已经被大量地运用到社会生产的各个领域之中，企业作为经济生活中运行单位也存在着相似的概念，企业也在贸易关系中同样有生存的概念。所以存活或生存的生存分析概念在出口持续时间研究中也一样可以得到广泛应用。这类持续时间一般表示为中国的出口企业在从事出口活动中，从进入到该目的国的市场到退出该国市场不间断的整个过程中所最终经历的时间，又称为在出口目的地市场上持续的某段时间。所以，从企业层面来分析我国出口贸易持续时间和生存分析方法的内涵是一样的，两者在概念上的是相似的。所以，使用生存分析这类方法来研究我国出口贸易持续时间是科学的。利用生存分析方法将出口贸易持续时间明显转化为条件概率，即在 T 期一个贸易关系仍然持续存在的概率。生存分析法是主要分析事件的结束与事件的持续时间的一种分析方法，该方法常常应用于医学、社会学、生物学、经济学和保险学等方面。生存分析法主要分为离散时间序列生存分析方法（Logit 模型、Probit 模型和 Cloglog 模型）和连续时间序列生存分析方法（考克斯比例风险模型和 Cloglog 模型）。同时，可以使用生存函数（卡普兰—迈尔乘积限估计）与危险函数估计去研究样本的生存时间及其影响因素。区别于普通统计分析，生存分析主要考虑到了各个样本值出现从开始到停止的时间长短不同，主要可以用于了解和研究影响生存时间大小的各种因素。而卡普兰—迈尔乘积限估计量是生存分析中非参数方法中可以直观地显示出关于贸易关系持续时间信息的分析方法。本书将主要采用生存函数非参数方法中的卡普兰—迈尔乘积限估计量法对总体样本和不同类型样本下我国出口企业贸易持续关系的生存状况进行相关的研究。

3.1.2　卡普兰—迈尔乘积限估计

依据卡普兰—迈尔的乘积限估计方法，本书将贸易关系的失败概率（危险函数，hazard function）定义成某一贸易关系已经持续了 t 期，而在 t 期之后没有继续保持这一贸易关系的概率。正式的表述形式如下：假设 T 为一个非负的观测值，表示某一事件在时刻 t 失败，那么关于 T 的生存函数就表示为：

$$S(t) = \Pr(T \geq t) \tag{3.1}$$

当 $t=0$，$S(t)=1$，当 $t \to \infty$，$S(t)=0$。而危险函数可以被定义成 t 时刻的失败率，表示为：

$$h(t) = \Pr(T = t \mid T \geq t) \tag{3.2}$$

当 T 是一个随机离散变量，则 T 的取值可以为 t_i，其中，$i = 1, 2, 3,$

$4, \cdots, n$，且 $t_i < t_{i+1}$，则 $S(t)$ 可表示为：

$$S_i(t) = \Pr(T_i \geq t) = \sum_{t_i \geq t} \Pr(T_i = t) \qquad (3.3)$$

若将其和本书研究的制造业贸易持续时间相互联系起来，它表示为某一特定贸易关系维持的时间超过 t 年的概率。其相应危险函数可表示为：

$$h(t_i) = \Pr(T = t_i \mid T \geq t_i) = \frac{p(t_i)}{S(t_{i-1})}, i = 1, 2, \cdots, n \qquad (3.4)$$

其中，$S(t_0) = 1$，生存函数和危险函数存在如下转换关系：

$$S(t) = \prod_{t_i < t} [1 - h(i)] \qquad (3.5)$$

为了便于顺利估计出出口贸易关系的生存函数以及对象危险函数，我们假设研究中存在 N 个观测样本值 $(t_i, c_i)(i = 1, 2, 3, \cdots, n)$，且相互独立。其中 t_i 表示出口贸易关系持续的时间，c_i 表示一个是否为删失数据的虚拟变量，当 c_i 的取值为 1，就表示该观测样本值不是删失的，当其取值为 0，就表示观测样本值是删失的，即该国制造业企业已经停止出口了。

由于卡普兰—迈尔乘积限估计量法作为非参数估计能够更好利用无法避免的非删失数据和删失数据的全部信息，同时，对存在删失数据的样本也具有同样的稳定性，所以，本书采用卡普兰—迈尔乘积限估计量法来进行研究分析。

正是因为有删失数据的存在，而且删失数据的开始或者结束是我们无法准确观察到的，所以，P 并没有全面地反映出删失数据的状况，且在某些情况下，个别观测的持续时间是一样的，根据以上的分析，p 小于 n 始终是成立的。

本书令 t_p 代表所对应的出口贸易关系结束时刻中的 p 所持续的时间，以及根据时间长短的顺序由小到大把这些持续时间来进行排序，得到的排序结果为：$t(1) < t(2) < \cdots < t(p)$。

因为在存在删失数据时，我们不能确切地得到删失数据结束的时间，但本书可以通过观测得知被观测的删失数据至少持续了多长时间，所以，本书用 n_i 来表示所持续的时间达到了 $t(i)$ 的样本中观测的个数。

本书用 d_i 表示那些持续时间达到 $t(i)$，但持续时间又没有达到 $t(i+1)$ 的样本中观测的个数，在这些数据中不包含删失数据，因为在本书所观察的已知数据的样本中，删失数据还没有结束，所以我们无法观测。因此由卡普兰—迈尔乘积限估计所给出的生存函数的非参数估计如下表示：

$$S(t) = \prod_{t_i < t} \frac{n_i - d_i}{n_i} \tag{3.6}$$

其中，n_i 为在第 i 期制造业产品出口贸易关系已持续时间段的数值，d_i 为第 i 期内在样本中制造业产品出口贸易已不存在的持续时间的数值。同时，根据卡普兰—迈尔乘积限估计对危险函数进行非参数估计，具体如下表示：

$$\hat{h}(t) = \frac{d_i}{n_i} \tag{3.7}$$

3.2 数据来源与处理说明

本书研究的数据来源于 BACI 数据库，它是 CEPII 提供的 HS-6 分产品层面的全球进出口贸易的数据库，它包括世界各国之间双边贸易商品单位价和价值量数量。BACI 数据库根据联合国商品贸易统计数据库（UN Comtrade）提供初始数据，通过经调整以后得到的数据，它克服了联合国商品贸易统计数据库中的缺点：①BACI 数据库提供进出口贸易数据是相同单位的数量和金额，这样可以方便跨国数据的对比，并保证数据的完整性，但在联合国商品贸易统计数据库中，出口商往往提供的为 FOB 价，而进口商却提供的是 CIF 价，双边贸易在价格申报上往往不统一的。②BACI 数据库可以调整得到了可以对比的单位价值和贸易数量，由于联合国商品贸易统计数据库里提供贸易数据数量和单位却不尽相同，所以 BACI 数据库通过转换系数把贸易单位统一转换成吨，方便产品贸易数量和价格的跨国比较，所以 BACI 数据库比联合国商品贸易统计数据库的优势是在产品高度细分的贸易研究方面更为适用。

在数据处理中值得注意的是：①依据拉尔（Lall，2000）[136] 的分类方法筛选出的属于制造业 HS6 分位的产品，但是因为拉尔的分类方法是根据 SITC2 编码的产品分类，所以本书通过 SITC2 和 HS6 的相结合，识别出的属于制造业 HS6 分位的产品。②多贸易持续时间段的问题。现实中企业产品持续出口到特定国家或地区的贸易关系可能存在多重，即贸易关系在中断一定年份后又重新出口的状态，我们将这种情形称为多持续时间段（multiple spells）。毕思德和普吕萨（Besedeš and Prusa，2006b）[27] 认为，不论同一贸易关系经历了多个持续的时间段，均将第一个持续的时间段视为唯一持续时间段的处理方法，与把多个持续段看作相互独立的若干持续时间段的情形下，贸易关系持续时间段长度的分布是基本相同的，也就是多个持续的时间段的存在不会使样本观测值持续时间的长度的分布产生实质性的影响。所以，本书假设贸易关系的多持续的时间段是相互独立的，以此得到出口持续时间段的全样本数据；同时，把第一个持续的时间段作为最终的制造业出口贸易关系持续的时间。③数据的删失问题，删失指的是某些随机因素导致变量的观测值缺失，需要注意的是，当本书使用标准的方法来分析时，造成删失的原因必须和所关心的事件相互独立。我们利用 1998～2010 年的数据对贸易持续的时间进行分析，不能预测 2010 年之后的产品出口持续的时间，所以存在数据删失问题，因为要得到无偏的估计量，我们将无法知晓的 2010 年之后企业出口情况均定义为右删失。

3.3　估计结果分析

本书采用了非参数卡普兰—迈尔的乘积限估计法，参照了《世界各国制造业竞争力排名》，从中选取了制造业竞争力排名前十名的国家，并分别对其制造业产品出口持续时间总体分布来进行分析，这些国家分别是：中国、美国、德国、印度、巴西、加拿大、韩国、墨西哥、日本和新加坡。首先，我们给出总观测的数量和第一期出口持续时间段的总数，并给出了各国制造业产品出口贸易关系的生存时间的 25 分位数、50 分位数和 75 分位数。结果如表 3.1 表示，从表中的生存时间的三个四分位数据结果可以看出，长期来看，中国已和美国、日本和德国这类传统制造业强国在维持制造业产业出口持续时间上处于同一个位置，例如，中国、美国、日本和德国制造业产品出口持续时间的 75 分位数值均是 13，说明了它们之间样本的跨度周期基本一致，初步说明了中、德、日、美这些国家的大多数制造业企业出口能够保持一个较长的时期。从 50 分位数来看，德国的这一优势更为明显。此外，其余制造业竞争力相对较强的 6 个国家中，韩国制造业产品出口的持久性相对较好，印度、墨西哥和巴西在维持制造业产品出口的稳定性方面和新加坡、加拿大等发达国家差距不大，体现出这三个新兴的市场国家制造业产品出口的较强后发优势。

表 3.1　　　　　　主要制造业大国产品出口持续时间统计描述

国家名	总观测值数量	第一个持续时间段数量	生存时间		
			P25	P50	P75
中国	1584044	251627	1	5	13
德国	1901125	256652	1	9	13

续表

国家名	总观测值数量	第一个持续时间段数量	生存时间		
			P25	P50	P75
美国	1715932	256120	1	5	13
巴西	389704	95725	1	2	6
印度	752073	179321	1	2	7
墨西哥	321096	82087	1	2	5
加拿大	449608	127495	1	1	4
新加坡	469816	115012	1	2	6
韩国	930080	148329	1	2	9
日本	701966	167018	1	3	13

为了更好地刻画出上述制造业最具优势诸国在出口持续时间上的细节，仅仅通过分位数进行统计描述是远远不够的。基于此，本书采用非参数的卡普兰—迈尔（K–M）估计方法进一步估计出各个可能的时间区间内制造业出口贸易关系的生存率及其他相应的统计指标，如表3.2～表3.11所示。

表 3.2　　　　　中国制造业产品出口持续时间的 K–M 估计

时间区间（年）	起始值	失败数	K–M 生存率	标准误	95%生存率置信区间
1～2	251627	74497	0.7039	0.0009	［0.7022, 0.7057］
2～3	177130	24213	0.6077	0.0010	［0.6058, 0.6096］
3～4	152917	12994	0.5561	0.0010	［0.5541, 0.5580］
4～5	139923	9740	0.5174	0.0010	［0.5154, 0.5193］
5～6	130183	8092	0.4852	0.0010	［0.4833, 0.4872］
6～7	122091	7612	0.4550	0.0010	［0.4530, 0.4569］
7～8	114479	6645	0.4285	0.0010	［0.4266, 0.4305］
8～9	107834	6501	0.4027	0.0010	［0.4008, 0.4046］
9～10	101333	8459	0.3691	0.0010	［0.3672, 0.3710］
10～11	92874	6532	0.3431	0.0009	［0.3413, 0.3450］
11～12	86342	7390	0.3138	0.0009	［0.3120, 0.3156］
12～13	78952	9726	0.2751	0.0009	［0.2734, 0.2769］
13～14	69226	0	0.2751	0.0009	［0.2734, 0.2769］

表 3.3　　　　　　德国制造业产品出口持续时间的 K - M 估计

时间区间（年）	起始值	失败数	K - M 生存率	标准误	95% 生存率置信区间
1 ~ 2	256652	72840	0.7162	0.0009	[0.7144, 0.7179]
2 ~ 3	183812	19818	0.6390	0.0009	[0.6371, 0.6408]
3 ~ 4	163994	9912	0.6004	0.0010	[0.5985, 0.6022]
4 ~ 5	154082	7416	0.5715	0.0010	[0.5695, 0.5734]
5 ~ 6	146666	5359	0.5506	0.0010	[0.5487, 0.5525]
6 ~ 7	141307	4759	0.5320	0.0010	[0.5301, 0.5340]
7 ~ 8	136548	3960	0.5166	0.0010	[0.5147, 0.5185]
8 ~ 9	132588	3356	0.5035	0.0010	[0.5016, 0.5055]
9 ~ 10	129232	6672	0.4775	0.0010	[0.4756, 0.4795]
10 ~ 11	122560	3052	0.4656	0.0010	[0.4637, 0.4676]
11 ~ 12	119508	3445	0.4522	0.0010	[0.4503, 0.4541]
12 ~ 13	116063	4377	0.4352	0.0010	[0.4332, 0.4371]
13 ~ 14	111686	0	0.4352	0.0010	[0.4332, 0.4371]

表 3.4　　　　　　美国制造业产品出口持续时间的 K - M 估计

时间区间（年）	起始值	失败数	K - M 生存率	标准误	95% 生存率置信区间
1 ~ 2	256120	81557	0.6816	0.0009	[0.6798, 0.6834]
2 ~ 3	174563	21839	0.5963	0.0010	[0.5944, 0.5982]
3 ~ 4	152724	11352	0.5520	0.0010	[0.5500, 0.5539]
4 ~ 5	141372	8410	0.5191	0.0010	[0.5172, 0.5211]
5 ~ 6	132962	5850	0.4963	0.0010	[0.4944, 0.4982]
6 ~ 7	127112	5828	0.4735	0.0010	[0.4716, 0.4755]
7 ~ 8	121284	4375	0.4565	0.0010	[0.4545, 0.4584]
8 ~ 9	116909	3543	0.4426	0.0010	[0.4407, 0.4446]
9 ~ 10	113366	6236	0.4183	0.0010	[0.4164, 0.4202]
10 ~ 11	107130	4236	0.4017	0.0010	[0.3998, 0.4036]
11 ~ 12	102894	4532	0.3840	0.0010	[0.3822, 0.3859]
12 ~ 13	98362	5102	0.3641	0.0010	[0.3623, 0.3660]
13 ~ 14	93260	0	0.3641	0.0010	[0.3623, 0.3660]

表 3.5　　　　　　　印度制造业产品出口持续时间的 K – M 估计

时间区间（年）	起始值	失败数	K – M 生存率	标准误	95％生存率置信区间
1 ~ 2	179321	86108	0.5198	0.0012	[0.5175, 0.5221]
2 ~ 3	93213	22301	0.3954	0.0012	[0.3932, 0.3977]
3 ~ 4	70912	10505	0.3369	0.0011	[0.3347, 0.3391]
4 ~ 5	60407	6585	0.3001	0.0011	[0.2980, 0.3023]
5 ~ 6	53822	4829	0.2732	0.0011	[0.2712, 0.2753]
6 ~ 7	48993	4095	0.2504	0.0010	[0.2484, 0.2524]
7 ~ 8	44898	3146	0.2328	0.0010	[0.2309, 0.2348]
8 ~ 9	41752	2843	0.2170	0.0010	[0.2151, 0.2189]
9 ~ 10	38909	2556	0.2027	0.0009	[0.2009, 0.2046]
10 ~ 11	36353	2396	0.1894	0.0009	[0.1876, 0.1912]
11 ~ 12	33957	2812	0.1737	0.0009	[0.1719, 0.1754]
12 ~ 13	31145	3671	0.1532	0.0009	[0.1515, 0.1549]
13 ~ 14	27474	0	0.1532	0.0009	[0.1515, 0.1549]

表 3.6　　　　　　　加拿大制造业产品出口持续时间的 K – M 估计

时间区间（年）	起始值	失败数	K – M 生存率	标准误	95％生存率置信区间
1 ~ 2	127495	70598	0.4463	0.0014	[0.4435, 0.4490]
2 ~ 3	56897	15814	0.3222	0.0013	[0.3197, 0.3248]
3 ~ 4	41083	7036	0.2670	0.0012	[0.2646, 0.2695]
4 ~ 5	34047	4342	0.2330	0.0012	[0.2307, 0.2353]
5 ~ 6	29705	2902	0.2102	0.0011	[0.2080, 0.2125]
6 ~ 7	26803	2210	0.1929	0.0011	[0.1907, 0.1951]
7 ~ 8	24593	1780	0.1789	0.0011	[0.1768, 0.1810]
8 ~ 9	22813	1579	0.1665	0.0010	[0.1645, 0.1686]
9 ~ 10	21234	1856	0.1520	0.0010	[0.1500, 0.1540]
10 ~ 11	19378	1123	0.1432	0.0010	[0.1413, 0.1451]
11 ~ 12	18255	1385	0.1323	0.0009	[0.1305, 0.1342]
12 ~ 13	16870	1661	0.1193	0.0009	[0.1175, 0.1211]
13 ~ 14	15209	0	0.1193	0.0009	[0.1175, 0.1211]

表3.7　　　　　　巴西制造业产品出口持续时间的 K – M 估计

时间区间（年）	起始值	失败数	K – M 生存率	标准误	95% 生存率置信区间
1 ~ 2	95725	46393	0.5154	0.0016	[0.5122, 0.5185]
2 ~ 3	49332	12168	0.3882	0.0016	[0.3851, 0.3913]
3 ~ 4	37164	5849	0.3271	0.0015	[0.3242, 0.3301]
4 ~ 5	31315	3937	0.2860	0.0015	[0.2831, 0.2889]
5 ~ 6	27378	2488	0.2600	0.0014	[0.2572, 0.2628]
6 ~ 7	24890	2090	0.2382	0.0014	[0.2355, 0.2409]
7 ~ 8	22800	1764	0.2198	0.0013	[0.2171, 0.2224]
8 ~ 9	21036	1606	0.2030	0.0013	[0.2004, 0.2055]
9 ~ 10	19430	1505	0.1873	0.0013	[0.1848, 0.1897]
10 ~ 11	17925	1422	0.1724	0.0012	[0.1700, 0.1748]
11 ~ 12	16503	1362	0.1582	0.0012	[0.1559, 0.1605]
12 ~ 13	15141	1625	0.1412	0.0011	[0.1390, 0.1434]
13 ~ 14	13516	0	0.1412	0.0011	[0.1390, 0.1434]

表3.8　　　　　　新加坡制造业产品出口持续时间的 K – M 估计

时间区间（年）	起始值	失败数	K – M 生存率	标准误	95% 生存率置信区间
1 ~ 2	115012	57136	0.5032	0.0015	[0.5003, 0.5061]
2 ~ 3	57876	13693	0.3842	0.0014	[0.3813, 0.3870]
3 ~ 4	44183	6369	0.3288	0.0014	[0.3261, 0.3315]
4 ~ 5	37814	4191	0.2923	0.0013	[0.2897, 0.2950]
5 ~ 6	33623	2907	0.2671	0.0013	[0.2645, 0.2696]
6 ~ 7	30716	2309	0.2470	0.0013	[0.2445, 0.2495]
7 ~ 8	28407	1867	0.2308	0.0012	[0.2283, 0.2332]
8 ~ 9	26540	1658	0.2163	0.0012	[0.2140, 0.2187]
9 ~ 10	24882	1918	0.1997	0.0012	[0.1974, 0.2020]
10 ~ 11	22964	1359	0.1878	0.0012	[0.1856, 0.1901]
11 ~ 12	21605	1360	0.1760	0.0011	[0.1738, 0.1782]
12 ~ 13	20245	1532	0.1627	0.0011	[0.1606, 0.1648]
13 ~ 14	18713	0	0.1627	0.0011	[0.1606, 0.1648]

表 3.9　　　　　　　日本制造业产品出口持续时间的 K–M 估计

时间区间（年）	起始值	失败数	K–M 生存率	标准误	95% 生存率置信区间
1 ~ 2	167018	66610	0.6012	0.0012	[0.5988, 0.6035]
2 ~ 3	100408	16410	0.5029	0.0012	[0.5005, 0.5053]
3 ~ 4	83998	7830	0.4560	0.0012	[0.4537, 0.4584]
4 ~ 5	76168	5570	0.4227	0.0012	[0.4203, 0.4251]
5 ~ 6	70598	3923	0.3992	0.0012	[0.3969, 0.4016]
6 ~ 7	66675	3471	0.3784	0.0012	[0.3761, 0.3808]
7 ~ 8	63204	2980	0.3606	0.0012	[0.3583, 0.3629]
8 ~ 9	60224	2429	0.3460	0.0012	[0.3438, 0.3483]
9 ~ 10	57795	3915	0.3226	0.0011	[0.3204, 0.3248]
10 ~ 11	53880	2069	0.3102	0.0011	[0.3080, 0.3124]
11 ~ 12	51811	2374	0.2960	0.0011	[0.2938, 0.2982]
12 ~ 13	49437	2605	0.2804	0.0011	[0.2782, 0.2826]
13 ~ 14	46832	0	0.2804	0.0011	[0.2782, 0.2826]

表 3.10　　　　　　墨西哥制造业产品出口持续时间的 K–M 估计

时间区间（年）	起始值	失败数	K–M 生存率	标准误	95% 生存率置信区间
1 ~ 2	82087	40845	0.5024	0.0017	[0.4990, 0.5058]
2 ~ 3	41242	10355	0.3763	0.0017	[0.3730, 0.3796]
3 ~ 4	30887	5148	0.3136	0.0016	[0.3104, 0.3167]
4 ~ 5	25739	3446	0.2716	0.0016	[0.2685, 0.2746]
5 ~ 6	22293	2283	0.2438	0.0015	[0.2408, 0.2467]
6 ~ 7	20010	1947	0.2200	0.0014	[0.2172, 0.2229]
7 ~ 8	18063	1388	0.2031	0.0014	[0.2004, 0.2059]
8 ~ 9	16675	1199	0.1885	0.0014	[0.1859, 0.1912]
9 ~ 10	15476	1125	0.1748	0.0013	[0.1722, 0.1774]
10 ~ 11	14351	1156	0.1607	0.0013	[0.1582, 0.1633]
11 ~ 12	13195	935	0.1494	0.0012	[0.1469, 0.1518]
12 ~ 13	12260	1352	0.1329	0.0012	[0.1306, 0.1352]
13 ~ 14	10908	0	0.1329	0.0012	[0.1306, 0.1352]

表 3.11　　　韩国制造业产品出口持续时间的 K‒M 估计

时间区间（年）	起始值	失败数	K‒M 生存率	标准误	95％生存率置信区间
1 ~ 2	148329	64579	0.5646	0.0013	[0.5621, 0.5671]
2 ~ 3	83750	17152	0.4490	0.0013	[0.4465, 0.4515]
3 ~ 4	66598	8630	0.3908	0.0013	[0.3883, 0.3933]
4 ~ 5	57968	5862	0.3513	0.0012	[0.3489, 0.3537]
5 ~ 6	52106	4157	0.3233	0.0012	[0.3209, 0.3256]
6 ~ 7	47949	3509	0.2996	0.0012	[0.2973, 0.3019]
7 ~ 8	44440	2918	0.2799	0.0012	[0.2776, 0.2822]
8 ~ 9	41522	2557	0.2627	0.0011	[0.2605, 0.2649]
9 ~ 10	38965	3028	0.2423	0.0011	[0.2401, 0.2445]
10 ~ 11	35937	2105	0.2281	0.0011	[0.2260, 0.2302]
11 ~ 12	33832	2304	0.2126	0.0011	[0.2105, 0.2146]
12 ~ 13	31528	2854	0.1933	0.0010	[0.1913, 0.1953]
13 ~ 14	28674	0	0.1933	0.0010	[0.1913, 0.1953]

　　当本章通过 K‒M 估计方法来估算出了各个样本国制造业出口贸易生存率时，若只利用四分位数来描绘各国制造业产业出口持续时间的特点存在明显不足。以中国为例，以生存时间的四个分位数来看，中国俨然和德国、美国以及日本等制造业强国处于同一水平，而通过 K‒M 估计，我们发现从 14 年内生存率的累积大小来比较，情况却不容乐观。就我们选择的世界制造业中竞争力排名前 10 的国家来分析，14 年内中国制造业出口生存率下降的幅度很大，从 70.39％下降到 27.51％，累积下降幅度达到了42.88％。而 14 年内美国制造业出口的生存率变化从 68.16％下降到36.41％，累积下降的幅度为 31.75％。14 年内德国制造业出口的生存率变化只从 71.62％下降到 43.52％，累积下降的幅度为 28.10％。14 年内日本制造业出口的生存率累积变化从 60.12％下降到 28.04％，累积下降的幅度为 32.08％。这一结果意味着相比于传统制造业强国，我国制造业产品出口仍有很大的不稳定性，这将是未来我国制造业可持续发展的重要隐患。同时随着我国的劳动力成本的不断提升，人口红利逐渐消失，如何进一步

提升我国制造业产品出口的稳定性和持久性将是我国未来对外贸易亟待解决的重要问题。

此外，新加坡、加拿大、韩国、墨西哥、巴西和印度的14年内生存率变化基本情况如下：14年内新加坡制造业出口的生存率变化从50.32%下降到16.27%，累积下降幅度达34.05%。14年内加拿大制造业出口的生存率变化从44.63%下降到11.93%，累积下降幅度达32.70%。14年内韩国制造业出口的生存率变化从56.46%下降到19.33%，累积下降幅度达37.13%。14年内墨西哥制造业出口的生存率变化从50.24%下降到13.29%，累积下降幅度达36.95%。14年内巴西制造业出口的生存率变化从51.54%下降到19.33%，累积下降幅度达32.21%。14年内印度制造业出口的生存率变化从51.98%下降到15.32%，累积下降幅度达36.34%。这说明了全球制造业竞争力前10名的国家中，以美国、德国和日本为主的传统制造业企业出口产品往往保持较高的稳定性和持久性。作为制造业大国的中国产品出口初期的稳定性较高，但其持久性与传统制造业强国仍存在很大差距。其他国家传统制造业企业出口持久性与中国差别不大。

接下来为了更直观地体现生存率的变化情况，本书基于K-M估计，进一步绘制了各样本国生存函数图，如图3.1～图3.10所示。

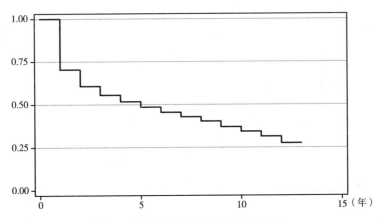

图3.1　中国制造业企业出口生存函数

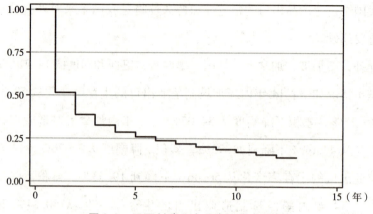

图 3.2　巴西制造业企业出口生存函数

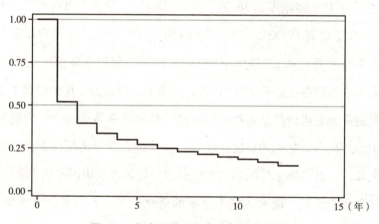

图 3.3　印度制造业企业出口生存函数

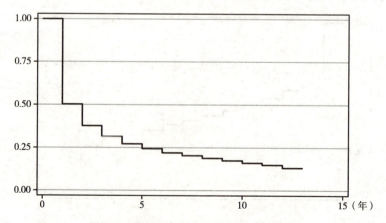

图 3.4　墨西哥制造业企业出口生存函数

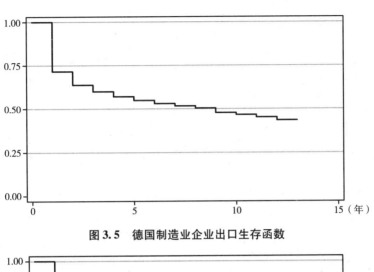

图 3.5　德国制造业企业出口生存函数

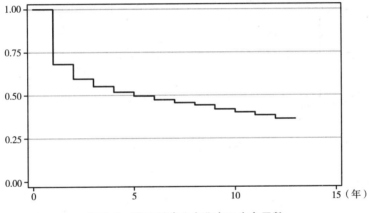

图 3.6　美国制造业企业出口生存函数

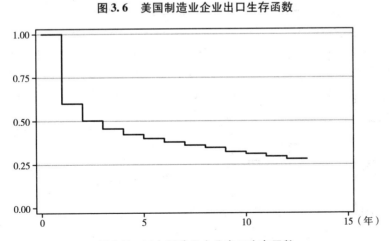

图 3.7　日本制造业企业出口生存函数

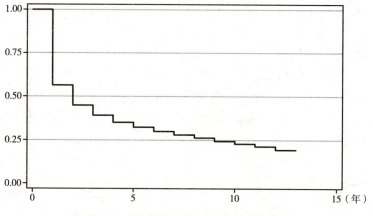

图 3.8 韩国制造业企业出口生存函数

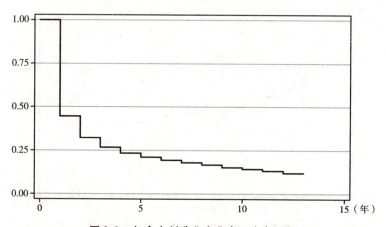

图 3.9 加拿大制造业企业出口生存函数

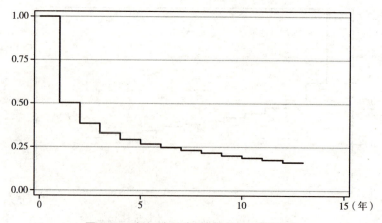

图 3.10 新加坡制造业企业出口生存函数

从总体而言，样本国出口企业随着出口贸易关系时间的延续，生存率都呈下降趋势，但是 5 年以后下降的幅度趋于平缓，这表明了我国企业在出口的前三年将会遇到严峻的生产调整，三年后企业出口将区域稳定，维持更长时间所遭遇失败的风险将明显小于期初。对比图 3.1～图 3.10，我们发现相较于其他国家，作为传统制造业强国的美国与德国的生存函数更为平滑，说明了美国和德国制造业产品出口稳定更高。作为制造业大国的中国与其他国家也存在较大差别，生存函数值一直保持在相对较高的位置，其倾斜程度相对较小。而其他国家生存函数一般在企业出口初期变化幅度较大，5 年以后倾斜程度较小，说明了中国制造业产品出口在全球化竞争中仍处于先进地位，但我国的稳定性欠佳，尤其是已经保持较长时间的贸易关系。此外，像新加坡、韩国和加拿大这三个发达国家，尽管由表 3.2～表 3.11 分析可知初期它们制造业出口生产率较低，但相比于其他新兴国家，这三个国家产品出口在中后期更为稳定。

3.4　小结

本书采用了生存分析法中非参数卡普兰—迈尔的乘积限估计法，参照了《世界各国制造业竞争力排名》，从中选取了制造业竞争力排名前 10 名的国家，并分别对其制造业产品出口的持续的时间总体分布来进行分析，结果表明从世界主要制造业大国出口贸易持续时间而言，总体上我国已经与美国、日本、德国等发达的制造业国家在维持制造业出口贸易关系的能力方面不相上下。然而从制造业产品出口的生存函数形态或者各个时间区间生存率的累积大小等方面考察，情况出现了显著的不同。具体而言，我国制造业出口生存函数在较短的时间内倾斜程度相对不大，但是从图形的局部来看却在某个阈值之后未出现明显的趋缓；而反观其他国家则大致表现为时间较短的区间内比较陡峭，而在某一阈值以后就逐渐变得平缓的基本特征。此外，14 年内我国制造业出口生存率下降的幅度很大，从 70.39% 下降到 27.51%，累积下降幅度高达 42.88%。与传统制造业强国相比，我国制造业产品出口仍有很大的不稳定性。

第4章

各国制造业出口持续
时间影响因素分析

生存分析方法不仅可以利用卡普兰—迈尔估计方法来直观描述各国制造业出口持续时间的总体分布，还可以利用考克斯比例风险模型来研究相关影响因素对各国制造业产品出口持续时间的影响程度及影响方向。因此，本章将通过考克斯比例风险模型（Cox PH model）以及 Cloglog 模型（Cloglog model）实证检验各国制造业出口持续时间影响因素分析。

4.1　估计方法与模型构建

4.1.1　考克斯比例风险模型

考克斯比例风险模型是一种半参数的生存分析研究方法。为了研究探寻运用计量分析方法来研究出口持续时间的相关问题，即研究哪些因素显著影响各国制造业出口贸易持续时间，以及影响程度和影响方式究竟是如何。而考克斯比例风险模型可以很好地解决这些问题。

首先假设被观察值中存在 N 个相互独立的样本量，第 i 个样本量为 (t_i, δ_i, Z_i)，其中 $i = 1, 2, \cdots, n$。其中 t_i 为观察值中第 i 个样本的最终生存时间；δ_i 为观察值中删失数据的替代变量，若 δ_i 等于 1，其表示为该样本不是删失的，即在 t_i 时刻该样本已经结束了。但如果 δ_i 等于 0，其表示为该样本是删失的，即在 t_i 时刻仍无法观察到该样本是否结束。Z_i 为影响出口持续时间的相关因素组成的 P 维向量组。

将考克斯比例风险函数定义为：

$$h(t_i, Z_i) = h_0(t) \exp(\beta' Z_i) \tag{4.1}$$

其中，$h_0(t)$ 代表未知形式的基准风险函数，该函数可用任意函数形式表示，β 则表示影响出口持续时间的相关因素组成的 P 维参数的向量组。

由于 $h_0(t)$ 函数表示未知形式任意函数形式，因而考克斯比例风险模型是一种半参数的生存分析研究方法。在研究过程中首先需要先不用估计 $h_0(t)$ 函数的形式，而可以利用似然估计法估算向量组 β 值。

令 r 表示为样本组中所有观察到的出口持续时间已停止的观察个体数量的总和，并按从大到小依次排列这些出口持续时间已停止的观察个体所对应的持续时间，即 $t(1) < t(2) < \cdots < t(r)$。

再令 $R(t_{(i)})$ 代表所有删失样本的集合，即已经观测到贸易关系已经持续了具体多久却无法观察到其何时结束的样本集合。

假设考克斯比例风险模型的所有样本的出口持续时间均不相同，于是极大似然函数的基本形式为：

$$L(\beta) = \prod_{i=1}^{r} \left[\frac{\exp(\beta' Z_{(i)})}{\sum_{j \in R(t_{(i)})} \exp(\beta' Z_j)} \right] \tag{4.2}$$

等式两边取对数，式（4.2）转换为：

$$\log L(\beta) = \sum_{i=1}^{r} \left[\beta' Z_{(i)} - \log \sum_{j \in R(t_{(i)})} \exp(\beta' Z_j) \right] \qquad (4.3)$$

最后可以通过极大似然估计法算出 P 维向量组的参数向量 β 值。

4.1.2　模型构建

利用生存分析方法（survival analysis）研究企业出口持续时间的影响因素分析时主要利用关于生存分析方法离散时间序列生存分析方法（Logit、Probit 和 Cloglog 模型）和关于连续时间序列生存分析方法（考克斯比例风险模型和 Cloglog 模型）。在处理连续时间序列数据方面，出口持续时间的影响因素研究的实证计量模型选择也存在争议：①毕思德和普吕萨（Besedeš and Prusa，2006b）、波士顿和奈尔 – 莱歇特（Boston and Nair-Reichert，2003）、毕思德和布莱德（Besedeš and Blyde，2010）[27,30,39] 等认为考克斯比例风险模型可以用于企业出口持续时间的影响因素分析，因为大多数计量模型都需要假设参数系数与生存率（AFT model）或者风险率（PH model）的特殊函数形式，即要提前设定风险函数的具体形式。而考克斯比例风险模型可以有效解决这一缺点。因为考克斯比例风险模型是一种半参数的生存分析研究方法。在研究过程中首先需要先不用估计 $h_0(t)$ 函数的形式，而可以 PH model 中利用似然估计法估算向量组 β 值。②赫斯和佩尔森（Hess and Persson，2010a）[28] 认为 Cloglog 模型能够克服的考克斯比例风险模型以下不足之处。第一，Cloglog 模型可以克服由企业出口持续时间的的节点所引起的系数估计有偏的困难。第二，Cloglog 模型打破了考克斯模型假设的束缚，即 2 个贸易片段间的危险率之比不随着时间 T 的变化而变化。基于此，本章分别利用考克斯比例风险模型和 Cloglog 模型实证检验各国制造业出口持续时间影响因素分析，以期获得更为稳健的结果。

考克斯比例风险模型的基本函数形式为：

$$h(t,x,\theta) = h_0(t)\exp(\acute{x}\theta) \tag{4.4}$$

其中，x 代表包含自变量的向量，θ 是参数系数，危机函数 $h_0(t)$ 说明了生存函数随时间变化而变化的特征。再次说明考克斯比例风险模型的优点在于无须特别指定 $h_0(t)$ 的函数形式，并通过极大似然估计出参数系数 θ，因此考克斯比例风险模型也可以被归为一种半参数估计。

对于 Cloglog 模型而言本书采用如下形式的模型设置：

$$\text{cloglog}[1 - h_j(x\mid v)] = \alpha + \acute{x}\beta + \gamma_j + u \tag{4.5}$$

不同于考克斯比例风险模型的半参数估计 Cloglog 模型是典型的参数估计，需要选择分布函数形式，即 Logist 分布。其中是基准风险率，为包含解释变量的向量，其分量与前文考克斯比例风险模型中解释变量的选择一样，是随机误差项。本文中 x 包含解释变量有：

（1）出口产品目标国或地区的特征变量。在出口目标国国家特征变量中，大量文献（Besedeš and Prusa, 2006b; Obashi, 2009）[27,40] 将经典的引力变量，目标国 GDP 总量纳入估计，反映了目标国的经济规模。另外，进口国的 GDP 总量反映进口国的需求规模，该数值越大说明该国的需求规模或进口潜力越大，从而降低了出口到该国的产品退出市场的风险。上文用目标国 GDP 的对数形式 lnGDP 表示。另外，本书将出口目标国的人均 GDP 纳入考虑，大量文献（Nitsch, 2009; Hess and Persson, 2010b）[3,28] 提出，一国的人均 GDP 反映该国的需求结构，若一国的消费者需求偏好是位似函数，则 GDP 与人均 GDP 总量从规模和结构共同刻画该国的需求状况。相比 GDP 总量指标，反映需求结构的人均 GDP 变量数值越高，说明该国需求层次越高，进而对进口产品的要求相应越高，因此其符号应根据该国的具体实际情况解释。本书用其对数形式 ln$GDPPER$ 表示。另外，与出口国的距离不仅表示运输成本的高低，而且也为经典的引力变量，因此本书也将之纳入考虑，并且预判目标国与出口国的距离越近，运输国际货物的风险也越小，能够维持更为长久国际贸易伙伴关系，本书中取其对数形式 ln*distwces* 表示。本书还增加三个反映进口国和出口国关系的虚拟变量，分别是两国是否有 9%（含 9%）以上的人使用相同语言、两国是否毗邻以及两国是有过殖民关系。以上三个虚拟变量在一定程度上反映进出口国之间人文、地理的亲密程度，显著影响到两国贸易关系的维持。据上所述，本书选取 *comlang*（*comlang* = 1 表明有 9%（含 9%）以上的人使用相同语言，*comlang* = 0 则表明 9% 以下的人使用相同语言）、*contig*（*contig* = 1 表明两个贸易伙伴国间毗邻，*contig* = 0 则表明两个贸易伙伴国之间非毗邻）和 *colony*（*colony* = 1 表明两个贸易伙伴国之间存在过殖民关系，*colony* = 0 则表明不曾有过殖民关系）表示。

（2）出口到目标国的制造业产品的特征变量。本书首先考虑每年出口到各目标国制造业的产品种类及数量，存在研究提出，每年出口到各个目标国制造业产品的种类越少，从产品大类来看其维持长久贸易关系的概率越低或者说退出危机越高。从细分产品的角度，也表明该产品在出口目标国所面临的国际贸易竞争越不激烈，退出危机反而减少，因此，该符号应据实际情况给以解释。本书用其对数形式 ln*pronum* 表示。其次，本书将每年各种制造业产品出口目标国的数量纳入考量。出口到目标国的产品数量越少，表示该产品被认可的程度越低，双方维持长久贸易伙伴关系的概率越低或者说出口国的退出危机相应越高。另外，从国际贸易关系网络的角度，出口到目标国的产品数量越少，该产品影响到国际贸易关系网络的程度也越浅，这也说明其维持长久国际贸易伙伴关系的可能性越低或者退出危机越高。本书使用其对数形式 ln*counum* 表示。另外，本书还将出口国到目标国的制造业产品的单位价值纳入考量，出口国到目标国的制造业产品的单位价值越低，说明该制造业产品的工艺复杂程度越低，质量相应越差，则贸易双方维持持久贸易伙伴关系的可能性越低或者说出口国的退出危机相应越高。本书用其对数形式 $\ln UV$ 表示。最后，本书还考虑出口国到目标国的单一制造业的产品初始贸易额，基于前文的研究可知：单一制造业产品的产品初始贸易额越大，贸易双方维持的贸易关系也相应越稳定，因此，预判该符号应为负，本书也使用其对数形式表示 $\ln inivalue$。

4.2　估计结果分析

根据《世界各国制造业竞争力排名》，本章选择全球制造业实力排名前十名的国家，即美国、德国、日本、韩国、新加坡、中国、加拿大、墨西哥、印度和巴西。结果如表 4.1 ~ 表 4.5 所示，每张表分别利用考克斯比例风险模型（Cox PH model）和 Cloglog 模型实证研究相关影响因素对这些国家制造业企业出口产品持续时间的异质性影响。

表 4.1　　中国/巴西制造业产品出口持续时间的影响因素估计

变　量	Cox PH model（中国）	Cloglog model（中国）	Cox PH model（巴西）	Cloglog model（巴西）
$\ln GDP$	- 0.3680 *** (0.0022)	- 0.4996 *** (0.0022)	- 0.0929 *** (0.0035)	- 0.1612 *** (0.0036)
$\ln GDPPER$	0.0271 *** (0.0019)	0.0411 *** (0.0019)	0.0434 *** (0.0030)	0.0822 *** (0.0032)
$\ln distwces$	0.1533 *** (0.0054)	0.2172 *** (0.0055)	0.4318 *** (0.0120)	0.6890 *** (0.0122)
$\ln pronum$	0.4853 *** (0.0058)	0.6318 *** (0.0062)	0.1458 *** (0.0057)	0.2749 *** (0.0058)
$\ln counum$	- 0.4480 *** (0.0039)	- 0.6836 *** (0.0042)	- 0.3823 *** (0.0040)	- 0.7211 *** (0.0042)

续表

变　量	Cox PH model（中国）	Cloglog model（中国）	Cox PH model（巴西）	Cloglog model（巴西）
ln*UV*	−0.1940 *** (0.0014)	−0.2318 *** (0.0015)	−0.1638 *** (0.0021)	−0.2579 *** (0.0021)
ln*inivalue*	−0.2014 *** (0.0017)	−0.2665 *** (0.0015)	−0.1987 *** (0.0023)	−0.2365 *** (0.0024)
contig	0.1557 *** (0.0114)	0.1784 *** (0.0115)	−0.2538 *** (0.0163)	−0.3147 *** (0.0163)
colony	−0.7722 *** (0.0310)	−1.0523 *** (0.0312)	−0.0418 *** (0.0383)	−0.0397 *** (0.0390)
comlang	−0.6620 *** (0.0249)	−0.6214 *** (0.0249)	−0.2071 *** (0.0236)	−0.4689 *** (0.0244)
Number of obs	243515	1584044	94348	389704
Log likelihood	−2060008.7	−474056.01	−875125.27	−162328.52

注：*、**、*** 分别代表10%、5%、1%的显著性水平，括号内数值表示为标准误差值。

表 4.2　印度/墨西哥制造业产品出口持续时间的影响因素估计

变　量	Cox PH model（印度）	Cloglog model（印度）	Cox PH model（墨西哥）	Cloglog model（墨西哥）
ln*GDP*	−0.0842 *** (0.0021)	−0.1523 *** (0.0021)	−0.0763 *** (0.0036)	−0.1129 *** (0.0038)
ln*GDPPER*	0.0140 *** (0.0020)	0.0158 *** (0.0021)	0.0346 *** (0.0037)	0.0737 *** (0.0039)
ln*distwces*	0.1664 *** (0.0052)	0.3226 *** (0.0055)	0.3542 *** (0.0108)	0.5556 *** (0.0112)
ln*pronum*	−0.1827 *** (0.0042)	−0.3593 *** (0.0044)	0.1592 *** (.00660)	0.3506 *** (0.0070)
ln*counum*	−0.3931 *** (0.0034)	−0.7423 *** (0.0035)	−0.4620 *** (0.0047)	−0.8658 *** (0.0048)
ln*UV*	−0.1712 *** (0.0016)	−0.2622 *** (0.0017)	−0.1542 *** (0.0022)	−0.2347 *** (0.0023)

续表

变 量	Cox PH model（印度）	Cloglog model（印度）	Cox PH model（墨西哥）	Cloglog model（墨西哥）
ln*inivalue*	− 0. 1584 *** （0. 0022）	− 0. 2058 *** （0. 0022）	− 0. 2541 *** （0. 0021）	− 0. 2245 *** （0. 0022）
contig	0. 0884 *** （0. 0154）	− 0. 1101 *** （0. 0157）	− 0. 3589 *** （0. 0238）	− 0. 4626 *** （0. 0244）
colony	− 0. 7063 *** （0. 0198）	− 0. 8371 *** （0. 0361）	− 0. 0745 ** （0. 0321）	− 0. 1538 *** （0. 0329）
comlang	− 0. 1693 *** （0. 0060）	− 0. 2536 *** （0. 0062）	− 0. 0514 *** （0. 0158）	0. 0196 （0. 0166）
Number of obs	174921	752073	80767	321096
Log likelihood	− 1692999. 5	− 311220. 9	− 743556. 49	− 130497. 16

注：*、**、*** 分别代表 10%、5%、1% 的显著性水平，括号内数值表示为标准误差值。

表 4.3　　　德国/美国制造业产品出口持续时间的影响因素估计

变 量	Cox PH model（德国）	Cloglog model（德国）	Cox PH model（美国）	Cloglog model（美国）
ln*GDP*	− 0. 1010 *** （0. 0025）	− 0. 1441 *** （0. 0025）	− 0. 1058 *** （0. 0021）	− 0. 1482 *** （0. 0021）
ln*GDPPER*	− 0. 0635 *** （0. 0020）	− 0. 0769 *** （0. 0020）	− 0. 0370 *** （0. 0020）	− 0. 0475 *** （0. 0021）
ln*distwces*	0. 2310 *** （0. 0041）	0. 3006 *** （0. 0041）	0. 2812 *** （0. 0069）	0. 4190 *** （0. 0070）
ln*pronum*	− 0. 4154 *** （0. 0052）	− 0. 7393 *** （0. 0053）	− 0. 4355 *** （0. 0044）	− 0. 7674 *** （0. 0045）
ln*counum*	− 0. 9862 *** （0. 0042）	− 1. 5718 *** （0. 0041）	− 0. 9014 *** （0. 0041）	− 1. 5340 *** （0. 0043）
ln*UV*	− 0. 2750 *** （0. 0016）	− 0. 3390 *** （0. 0017）	− 0. 2730 *** （0. 0016）	− 0. 3336 *** （0. 0016）
ln*inivalue*	− 0. 3004 *** （0. 0052）	− 0. 3501 *** （0. 0050）	− 0. 3417 *** （0. 0021）	− 0. 3988 *** （0. 0022）

续表

变　量	Cox PH model（德国）	Cloglog model（德国）	Cox PH model（美国）	Cloglog model（美国）
contig	− 0. 3547 *** （0. 0253）	− 0. 4565 *** （0. 0256）	− 0. 5564 *** （0. 0422）	− 0. 8398 *** （0. 0426）
colony	− 0. 1367 *** （0. 0198）	0. 0029 （0. 0215）	− 0. 1986 *** （0. 0165）	− 0. 2386 *** （0. 0169）
comlang	− 0. 1695 *** （0. 0457）	− 0. 2253 （0. 0459）	− 0. 2160 *** （0. 0061）	− 0. 2746 *** （0. 0062）
Number of obs	251048	1901125	249284	1715932
Log likelihood	− 1618814	− 340858. 33	− 1821883. 3	− 367396. 22

注：*、**、*** 分别代表 10%、5%、1% 的显著性水平，括号内数值表示为标准误差值。

表 4.4　　日本/韩国制造业产品出口持续时间的影响因素估计

变　量	Cox PH model（日本）	Cloglog model（日本）	Cox PH model（韩国）	Cloglog model（韩国）
ln*GDP*	− 0. 0375 *** （0. 0026）	− 0. 0678 *** （0. 0026）	− 0. 0850 *** （0. 0029）	− 0. 1198 *** （0. 0030）
ln*GDPPER*	0. 0118 *** （0. 0022）	0. 0078 *** （0. 0023）	0. 0344 *** （0. 0023）	0. 0492 *** （0. 0024）
ln*distwces*	0. 3269 *** （0. 0079）	0. 5485 *** （0. 0083）	0. 2951 *** （0. 0064）	0. 4542 *** （0. 0066）
ln*pronum*	− 0. 4716 *** （0. 0057）	− 0. 8141 *** （0. 0056）	− 0. 2915 *** （0. 0052）	− 0. 5303 *** （0. 0052）
ln*counum*	− 0. 6355 *** （0. 0039）	− 1. 1340 *** （0. 0041）	− 0. 5302 *** （0. 0037）	− 0. 9067 *** （0. 0037）
ln*UV*	− 0. 2449 *** （0. 0018）	− 0. 3253 *** （0. 0018）	− 0. 1889 *** （0. 0017）	− 0. 2683 *** （0. 0017）
ln*inivalue*	− 0. 2565 *** （0. 0052）	− 0. 2845 *** （0. 0050）	− 0. 2991 *** （0. 0051）	− 0. 2987 *** （0. 0052）
contig	omitted	omitted	omitted	omitted

续表

变 量	Cox PH model（日本）	Cloglog model（日本）	Cox PH model（韩国）	Cloglog model（韩国）
colony	− 0. 1353 ***（0. 0309）	− 0. 0403 ***（0. 0319）	− 0. 1697 ***（0. 0395）	− 0. 0491（0. 0398）
comlang	omitted	omitted	− 0. 1390 ***（0. 0067）	0. 1723 ***（0. 0069）
Number of obs	161569	930080	144781	701966
Log likelihood	− 1296181. 2	− 238750. 7	− 1302594. 3	− 240492. 53

注：＊、＊＊、＊＊＊分别代表10%、5%、1%的显著性水平，括号内数值表示为标准误差值。

表4.5　　　**加拿大/新加坡制造业产品出口持续时间的影响因素估计**

变 量	Cox PH model（加拿大）	Cloglog model（加拿大）	Cox PH model（新加坡）	Cloglog model（新加坡）
ln*GDP*	− 0. 0517 ***（0. 0029）	− 0. 0902 ***（0. 0029）	− 0. 0229 ***（0. 0020）	− 0. 0242 ***（0. 0020）
ln*GDPPER*	0. 0033（0. 0025）	0. 0052 **（0. 0026）	0. 0189 ***（0. 0025）	0. 0321 ***（0. 0027）
ln*distwces*	0. 1289 ***（0. 0085）	0. 2682 ***（0. 0086）	0. 2869 ***（0. 0074）	0. 3999 ***（0. 0076）
ln*pronum*	− 0. 2367 ***（0. 0054）	− 0. 5014 ***（0. 0056）	− 0. 2973 ***（0. 0048）	− 0. 5954 ***（0. 0050）
ln*counum*	− 0. 3861 ***（0. 0035）	− 0. 7816 ***（0. 0036）	− 0. 5329 ***（0. 0042）	− 0. 9792 ***（0. 0044）
ln*UV*	− 0. 1626 ***（0. 0019）	− 0. 2699 ***（0. 0020）	− 0. 1703 ***（0. 0020）	− 0. 2536 ***（0. 0020）
ln*inivalue*	− 0. 2065 ***（0. 0035）	− 0. 2325 ***（0. 0035）	− 0. 2641 ***（0. 0046）	− 0. 2774 ***（0. 0047）
contig	− 1. 4556 ***（0. 0535）	− 1. 6180 ***（0. 0539）	− 0. 5406 ***（0. 0451）	− 0. 6055 ***（0. 0454）
colony	− 0. 2794 ***（0. 0234）	− 0. 2608 ***（0. 0237）	− 0. 0335（0. 0293）	− 0. 0426（0. 0299）

续表

变　量	Cox PH model（加拿大）	Cloglog model（加拿大）	Cox PH model（新加坡）	Cloglog model（新加坡）
comlang	− 0. 0597 *** (0. 0071)	− 0. 1147 *** (0. 0074)	− 0. 1685 *** (0. 0073)	− 0. 2485 *** (0. 0075)
Number of obs	124702	449608	110551	469816
Log likelihood	− 1217751. 2	− 188153. 92	− 1008589. 8	− 166025. 83

注：*、**、*** 分别代表 10%、5%、1% 的显著性水平，括号内数值表示为标准误差值。

　　从表 4.1 ~ 表 4.5 我们可以看到世界各个国家的制造业产品出口持续时间的重要影响因素的详细估计当中，学者们尝试采用不同的方法，比如基于非参数的考克斯比例风险模型，或者是基于参数的 Cloglog 模型，这些估计结果均表现出一个结论，即各个制造业的影响因素在影响方向上具有较高程度的趋同性，这也从侧面反映出本书的估计结果不存在偶然性，即本书估计结果是稳健的。通过表中的估计结果可以看出，无论是半参数模型还是参数模型，各个系数的符号方向基本一致，没有出现不符合理论常识的结果，与 Cloglog 模型相比，半参数模型更能反映出真实的影响关系。因此，本书采用考克斯比例风险模型对实证的估计结果进行详细的分析。

　　在出口目标国的特征变量中，经济发展带来的反映经济规模或者说总需求的国内生产总值的增加，会一定程度上降低我国制造业出口的贸易关系的失败概率。也就是说 GDP 每提高 1%，将使我国在国际上更具有话语权，贸易关系失败的概率将下降 36.8%。这也从侧面上反映出随着中国经济实力的不断增强，与世界的联系也愈加紧密，因此，对制造业来说是一个良好的契机。然而，并不是说所有方面的 GDP 提升都是正向促进作用，反映出口目标国收入水平的人均 GDP 的提升带来的作用是相反的，人均 GDP 每提高 1% 将会使我国制造业的出口贸易关系失败的概率提升 2.71%，虽然说影响效应不高，但是也从侧面说明并非需求规模越大越好，因为中国制造业的投资吸引力对于那些本身人均收入水平就很高的国家而言很有限。个中原因较为复杂，可能的原因来自目标国的需求层次超过了我们能够提供的产品品质。目前，中低端的产品出口较多，而我国忽视了需求层次的变化，在这一方面，我国应该充分了解目标出口国的需求，进而针对性地进行生产。本书采用运输成本来反映两国之间的距离，通过估计结果我们可以看出，运输成本每提高1%，会使我国制造业的出口贸易关系失败的概率提升15.33%，从而我们可以看出，运输成本是引起贸易关系失败的一个重要的影响因素。

影响贸易关系的因素有很多，还包括虚拟变量，从表4.1～表4.5中我们可以看出，那些使用汉语人数少于9%的目标国家，反而从系数上显示出较大的负效应，即可以使制造业贸易失败的概率下降66.2%，似乎更能够与目标国之间维持较为稳定的贸易关系。而中国在这方面的确处于劣势，应该从更深层次来探讨这个问题，而不拘泥于这单方面的影响因素。相比于没有与目标国有地理上邻近的贸易国，中国与贸易国的邻近关系使得制造业贸易关系失败的概率增加15.57%。通过估计结果我们可以发现，尽管具有地理上的运输成本优势，但是，并没有因此在贸易关系上有所加分，这其中可能的原因来自地理上的相近，使得劳动力流动频繁，技术上的产品存在一定的相似性，因此，我国在出口方面并没有必然的优势。

从出口的制造业产品的特征变量来看，我国出口到目标国的产品种类并非越多越好，还会起到相反的作用。这其中可能存在的原因是，竞争越来越激烈，尽管产品种类多，但是从功能上并没有很大的差别，这些细小的差异并不足以吸引消费者优先购买我国种类繁多的制造业产品。而且，现今产品细分越来越厉害，目标国根据自身的实际情况选择性价比较高的产品，不仅如此，我国的产品还面临着同质产品的竞争。虽然在种类数量方面不能起到正向的影响关系，但是从数量上却具有一定的促进作用，即出口到目标国的产品供给量越多，贸易关系失败的概率就降低了，这样的结果与理论上的预期是相符的，需求量的增加业从侧面上反映出目标国对我国制造业产品的认可。从另一个角度来看，全球化程度越来越高，各个国家之间的网络传输也越来越发达，产品可以通过多渠道为目标国所熟知，因此，也促进了贸易关系的改善。从出口制造业产品的单位价值的系数来看，单位价值与被解释变量存在正相关关系，也即单位价值的提升可以促进贸易关系的改善。出口产品初始贸易额对被解释变量制造业贸易关系的稳定有一定的正向影响，这样的估计结果与前文的理论模型的结论相符。

最后，本章重点研究各因素对各国制造业企业出口持续时间的异质性影响。本章按照制造业竞争力排名将前十名的国家分为三个梯队，第一梯队是以美国和德国为代表，第二梯队是以日本、新加坡、加拿大和韩国为代表，第三梯队是印度、巴西和墨西哥。①作为世界高端制造业产品出口的典型，美国和德国的制造业出口持续时间更长。从相关影响因素来看，出口目的地人均 GDP 或者收入水平每提高 1%，美国和德国出口失败率分别下降 3.7% 和 6.5%，说明了进口国需求结构层次或人均 GDP 水平越高就越喜欢美国和德国的高质量制造业产品，进而降低产品出口失败率，这是美国和德国一直保持世界制造业顶端的原因。也是其他国家，包括韩国、日本和中国等传统制造业大国难以具备的优势。②作为制造业第二梯队的国家，日本、新加坡、加拿大和韩国四个传统发达国家从出口产品稳定性来看与其他新兴发展中国家相比已不再拥有明显的优势。值得注意的是，和第一梯队一样，这些国家保持着出口产品种类越多样化则出口持续时间越持久，而其他新兴发展中国家则不具备这一特点。一个合理的解释是发达国家的制造产业出口往往来自数量较少规模巨大的跨国企业，这类大型跨国企业拥有更多类型的产品出口，通过垄断性质的跨国企业操纵，细分出口产品类型可以有效规避产品同质竞争现象。所以出口产品多样性越高，跨国企业国际影响力越高，产品出口贸易关系就平稳。③作为制造业第三梯队的代表，印度、巴西和墨西哥制造业与中国基本相似，即各因素对出口产品持续时间的影响也大致相同，如表中所示，不再详细分析。

4.3　小结

本章通过考克斯比例风险模型以及 Cloglog 模型实证检验各国制造业出口持续时间影响因素分析，结果发现了总体而言，无论是出口目标国的特征变量还是产品层面的特征变量对各国出口持续时间均有显著的影响。但从不同国家来看，一些自变量对制造业产品出口持续时间的影响存在明显的差异，例如中国制造业产品对那些人均收入更高的国家吸引力有限，虽然总量上关系密切，但这一关系并不稳定。

第5章

我国制造业企业出口
持续时间测算

后金融危机时期如何保持中国出口常态增长成为当前中国外部经济面临的难题。为了深入了解我国企业出口持续时间状况，本章将通过匹配 2000～2006 年中国海关数据库和工业企业数据库，基于生存分析法的卡普兰—迈尔（Kaplan-Meier）乘积限估计方法，估计了中国企业出口生存函数，并从总体、分区域、分所有制、分出口目的地、分出口产品质量、分产品核心程度和分经济类型的 7 个层面描述了中国企业出口持续时间的各个分布特征。

5.1　估计方法

利用生存分析方法将出口贸易持续时间明显转化为条件概率，即在 T 期一个贸易关系仍然持续存在的概率。生存分析方法（survival analysis）主要分离散时间序列生存分析方法（Logit 模型、Probit 模型和 Cloglog 模型）和连续时间序列生存分析方法（考克斯比例风险模型），值得注意的是本章通过匹配 2000～2006 年中国海关数据库和工业企业数据库，数据将不再是连续时间序列，为此接下来两章将采用离散时间生存分析，并利用卡普兰—迈尔乘积限估计法来分析我国企业出口产品持续时间。

首先，将贸易关系一直保持到 t 期后不再出口的概率表示终止贸易关系的概率（风险函数，hazard function），假定 T 是表示一个贸易关系在时刻 t 停止的随机变量（$T \geq 0$），关于变量 T 的生存分析函数为：

$$S(t) = \Pr(T \geq t) \tag{5.1}$$

当 $t = 0$ 时 $S(t) = 1$，而当 $t \to \infty$ 时，$S(t) = 0$。此时失败率可以由风险函数表达，即：

$$h(t) = \Pr(T = t \mid T \geq t) \tag{5.2}$$

因为 T 是离散时间序列中的一个变量，将其取值为 t_i，$i = 1$，2，3，4，$\cdots$，n 且 $t_1 < t_2 < t_3 < \cdots < t_n$，此时生存分析函数 $S_i(t)$ 为：

$$S_i(t) = \Pr(T_i \geq t) = \sum_{t_i > t} \Pr(T = t_i) \tag{5.3}$$

若将之与本书研究的贸易持续时间联系起来，它表示某一个贸易关系维持时间超过 t 年的概率。

然后将其与本章的出口贸易持续时间相结合，将失败率 $h(t)$ 定义为一个贸易关系在时刻 t 仍未停止的概率，故相对应的离散数据的危机函数为：

$$h(t_i) = \Pr(T = t_i \mid T \geq t_i) = \frac{p(t_i)}{S(t_{i-1})}, i = 1, 2, \cdots, n \tag{5.4}$$

若 $S(t_0) = 1$，生存函数可以转化为：

$$S(t) = \prod_{t_i < t} [1 - h(i)] \tag{5.5}$$

然后利用由卡普兰—迈尔乘积限估计方法对出口生存函数进行非参数

估计：

$$S(\hat{t}) = \prod_{t(i) \leqslant t} \frac{n_i - d_i}{n_i} \qquad (5.6)$$

此时n_i是指第i时刻制造业企业出口贸易持续时间仍旧存在的时间片段数，d_i则表示为第i时刻制造业企业出口贸易持续时间失败的持续时间段的数量。最后利用由卡普兰—迈尔乘积限估计方法对危机函数进行非参数估计：

$$h(\hat{t}) = \frac{d_i}{n_i} \qquad (5.7)$$

5.2 数据来源与处理说明

遵循陈勇兵（2012）[1]的评价方法，本章将企业产品出口到一个特定国家或地区从始至终所保持时间总和（无中断时间）定义为出口贸易持续时间。鉴于出口贸易持续时间常以年份来衡量，本书利用企业—商品—目的地关系的年度数据来衡量企业持续出口到特定国家或地区的持续时间，即企业的产品从开始出口到目的地i到停止出口所持续的年份数，并将企业产品停止出口到一个特定目的地的事件称为"失败"（failures）。在数据处理过程中值得注意两点：①多个持续时间段（multiple spells）问题。现实中企业产品持续出口到特定国家或地区的贸易关系可能存在多重，即贸易关系在中断一定年份后又重新出口的状态。例如，一个企业 A 在 2000～2002 年持续向美国出口笔记本电脑，但是在 2003～2004 年企业因为资金周转不灵暂停对美国出口，此时企业 A 对美国出口产品的持续时间为 3 年。但在 2005～2006 年企业重新恢复向美国出口笔记本电脑，企业 A 对美国出口笔记本电脑又重新维持了 2 年。此时这种贸易关系存在 2 个持续时间段。于是将这种经历多种持续时间段的同一贸易关系定义为相互独立的多组贸易关系。②数据左删失（left censoring）和右删失（right censoring）问题。本章采取 2000～2006 年数据，无法精确知晓 2000 年之前和 2006 年之后具体的出口状况，即若企业在 2000 年存在出口行为，但无法知道该企业保持真实出口持续时间，低估贸易关系持续时间。这就是左删失问题。为了解决这个问题，我们选取了 2000 年没有向特定地区出口，而在 2001～2006 年有向特定地区出口的企业。另一种类似的情况，若企业在 2006 年存在出口行为，同样无法知道企业真实的出口持续时间，又称右删失问题，此时利用生存分析估计方法可以有效解决数据右删失问题。

本章样本数据来源于 2000～2006 年中国海关数据库和中国工业企业数据库。首先，将海关数据库与中国工业企业数据库进行匹配。我们先把海关数据库的企业所有月度数据加总成年度数据，并筛选出了 2000 年未出口而在 2001～2006 年有出口的企业及对应的出口目的地名称，并参照拉尔（Lall，2010）[136] 的方法，将其匹配中国工业企业数据库的相同字段（企业名称和代码）。在对接两个数据库之后，最后得到 2001 年、2002 年、2003 年、2004 年、2005 年和 2006 年的企业数量分别为 12910 家、18601 家、24041 家、39517 家、44636 家和 50426 家。对接后的数据库包含原海关数据中出口额的 70%。

其次，我们对企业连续出口的年份进行统计，得出了企业出口到特定目的国的持续时间，定义了每一个时间段的结局变量。通过以上数据处理，我们得到 2000～2006 年中国企业 67239 个持续出口的多产品企业和 136 个目的国，共计 756517 个出口片段。初步统计结果显示中国企业—产品的出口中位时间为 2 年。其中 58.26% 的出口片段仅持续了 1 年，79.33% 的出口片段小于等于 2 年，只有 4.20% 的出口片段的持续时间在 4 年以上。可以看出我国出口贸易持续时间呈现以下几个特点：①中国出口贸易关系普遍存在多个持续时间段，平均每个贸易关系有 1.69 个持续时间段，出口贸易关系中断后重新出口的现象较普遍，贸易关系的动态变化显著。②中国出口贸易关系持续时间较短，中位数只有 2 年，大部分持续时间段在 2 年内消失。相应的统计分析如表 5.1 所示。

表 5.1　　　　　　　　　　出口持续时间的特征事实

片段持续时间（年）	片段数（个）	百分比（%）	累计百分比（%）
1	440733	58.26	58.26
2	159443	21.08	79.33
3	89584	11.84	91.18
4	34997	4.63	95.80
5	19947	2.64	98.44
6	11813	1.56	100
合计	756517	100	

注：片段持续时间是指企业某一产品出口到某一特定目的国的持续时间。

5.3　估计结果分析

为了得到我国企业产品出口持续时间的总体特征和分样本特征的实证结果，本书利用 STATA 软件估算生存分析法中卡普兰—迈尔乘积限估计量，并分别对出口生存函数做了总体估计、分区域估计、分所有制估计、分出口目的地估计、分出口产品质量估计、分产品核心程度估计和分经济类型估计，从多方面算了出口产品的持续时间，以达到全面分析我国企业出口贸易持续时间的现状的目的。

5.3.1 企业出口生存函数的估计：总体估计

表 5.2 是我国 2000 ~ 2006 年我国出口企业贸易关系持续时间的总体生存概率的卡普兰—迈尔（K‑M）估计值汇总表，反映了我国在 2000 ~ 2006 年间出口企业贸易关系持续时间在各个持续时间下的生存状况。在我们观测的期间内，标准误不到 0.001，验证了总体实证结果的稳健性。

表 5.2 企业出口持续时间的 K‑M 估计

时间区间（年）	起始值	失败数	生存率	标准误	95%生存率置信区间
1	756517	2.4e + 05	0.6781	0.0005	[0.6770, 0.6791]
2	315784	7.6e + 04	0.5144	0.0007	[0.5131, 0.5157]
3	156341	2.0e + 04	0.4485	0.0007	[0.4471, 0.4499]
4	66757	7694	0.3968	0.0008	[0.3952, 0.3985]
5	31760	2282	0.3683	0.0010	[0.3664, 0.3702]
6	11813	0	0.3683	0.0010	[0.3664, 0.3702]

注：表格数值由 K‑M 生存率估计结果汇总整理所得。

从各个时间区间生存率的累积大小来看，前期的企业出口贸易存在较大的不稳定性，两年的生存率达到 67.81% 和 51.44%，意味着两年内有将近一半的出口企业退出了出口市场，而 3 ~ 6 年内生产率下降的幅度仅为 0.0659、0.0517 和 0.0275。这意味我国企业出口前期将会遇到更严峻的退出出口市场的压力。在经过第三个观测期后研究样本中贸易关系的生存率呈现平缓的下降趋势直至我们所研究的末端第 6 年时大概仅有 36.83% 的贸易关系仍处在持续状态。

接下来，本书基于 K‑M 估计通过出口生存函数图直观体现中国企业总体生存率的变化情况，如图 5.1 所示，从总体而言，我国出口企业随着出口贸易关系时间的延续，生存率都呈下降趋势，但是三年以后下降的幅度趋于平缓，这表明了我国企业要在出口的前三年将会遇到严峻的生产调整，三年后企业出口将区域稳定，维持更长时间所遭遇失败的风险将明显小于期初。

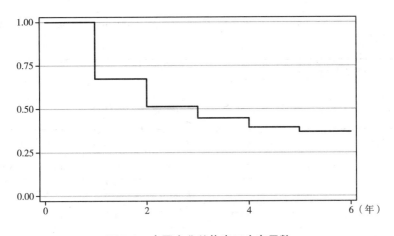

图 5.1　中国企业总体出口生存函数

5.3.2　企业出口生存函数的估计：分地区估计

我国幅员辽阔，资源丰富，区域间自然环境和要素禀赋存在明显差异。经过改革开放 40 年的经济发展和资源优化配置的驱动下，我国在地理上逐步形成东部、中部和西部三大不同类型经济地区，各个地区的企业出口也深受到该地区经济发展状况的影响，呈现不同的发展状态。因此，本书将数据根据企业注册所在地进行划分成东部、中部、西部三种类型，并分别对东部、中部、西部地区企业的出口持续时间状况进行生存函数估计，具体结果见表 5.3 ~ 表 5.5。

表5.3 东部地区企业出口持续时间的 K – M 估计

时间区间（年）	起始值	失败数	生存率	标准误	95%生存率置信区间
1	703280	2.2e + 05	0.6811	0.0006	[0.6800，0.6821]
2	295500	7.0e + 04	0.5188	0.0007	[0.5175，0.5201]
3	147049	1.9e + 04	0.4534	0.0007	[0.4519，0.4548]
4	62940	7210	0.4014	0.0009	[0.3997，0.4032]
5	30079	2146	0.3728	0.0010	[0.3708，0.3748]
6	11231	0	0.3728	0.0010	[0.3708，0.3748]

注：表格数值由 K – M 生存率估计结果汇总整理所得。

表5.4 中部地区企业出口持续时间的 K – M 估计

时间区间（年）	起始值	失败数	生存率	标准误	95%生存率置信区间
1	37940	1.4e + 04	0.6342	0.0025	[0.6294，0.6391]
2	14124	4187	0.4462	0.0030	[0.4403，0.4521]
3	6373	1032	0.3740	0.0032	[0.3676，0.3803]
4	2574	318	0.3278	0.0037	[0.3204，0.3351]
5	1154	78	0.3056	0.0042	[0.2973，0.3139]
6	379	0	0.3056	0.0042	[0.2973，0.3139]

注：表格数值由 K – M 生存率估计结果汇总整理所得。

表5.5 西部地区企业出口持续时间的 K – M 估计

时间区间（年）	起始值	失败数	K – M 生存率	标准误	95%生存率置信区间
1	15297	5352	0.6501	0.0039	[0.6425，0.6576]
2	6160	1636	0.4775	0.0046	[0.4684，0.4865]
3	2919	452	0.4035	0.0051	[0.3936，0.4134]
4	1243	166	0.3496	0.0059	[0.3382，0.3611]
5	527	58	0.3112	0.0071	[0.2974，0.3250]
6	203	0	0.3112	0.0071	[0.2974，0.3250]

注：表格数值由 K – M 生存率估计结果汇总整理所得。

从图 5.2 的东、中、西部地区出口企业的生存曲线图也可以直观地看出，东部地区企业的生存曲线明显高于中部和西部地区，而西部地区与中部地区的生存曲线基本相同。究其原因可能在于：

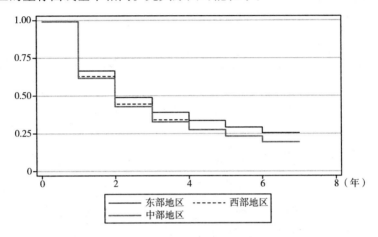

图 5.2　东、中和西部地区企业出口的生存曲线

第一，我国区域对外贸易分布不均衡，绝大多数出口贸易都分布在东部地区，为东部地区的企业积累了大量的对外贸易经验。相较于中、西部地区，东部地区往往拥有良好的海岸线，大量港口分布和便捷的海上运输条件为东部地区的贸易出口带来巨大的天然优势，降低了当地企业出口贸易的运输成本。同时相较于空中运输和陆上运输，海上运输成本极低，是远距离贸易的重要运输方式，这是中、西部地区企业出口难以比拟的优势。第二，改革开放初期优先发展东部沿海地区，推进了东部企业与国外先进技术和管理方式的交流和学习，东部地区生产技术和对外贸易的发展明显快于优于内陆地区，为东部地区企业出口带来了有利的产品质量优势。而作为内陆地区，中西部省份受限于地方保护的影响，对外开放度相对不足，不利于地方企业出口贸易，同时较高的运输成本使得中西部地区企业长期处于落后的贸易竞争水平。第三，严峻的地方保护造成了国内区域间市场分割，加重了跨地区贸易壁垒，迫使东部地区企业为追求利润最大化，将产品更多地出口到境外，进一步导致了东部地区和中、西部地区企业出口不均衡，致使中、西部地区企业出口难以长期维系（朱希伟等，2005）[137]。

5.3.3　企业出口生存函数的估计：分企业所有制估计

改革开放40年来，我国的对外贸易不断发展，大批外资的涌入为我国企业不断补充新鲜血液，我国出口企业也在境外资本的驱动下形成了多元化所有制结构共同发展的盛况，因此有必要研究不同所有制基础对我国企业出口持续时间的异质性影响。本章将我国所有出口企业按照注册类别分为私营企业、国有企业、外资企业和集体企业，并利用生存分析法中卡普兰—迈尔乘积限估计法，分别研究这四种类型企业出口生存状况。结合表5.6～表5.9我们将对不同类型的所有制企业出口持续时间进行估计。在生存率上，有66.17%和69.99%的外资企业和私营企业出口持续时间超过1年，远高于国有、集体企业，分别达到55.07%和54.40%。私营企业和外资企业超过4年的分别占了42.74%和37.94%，而国有企业和集体企业却分别仅为22.58%和23.84%，说明了私营企业和外资企业的生存率明显高于国有企业和集体企业。在生存率累积变化率上，6年内私营企业产品出口生存率累积下降幅度最少，从69.99%下降到39.96%，下降幅度达30.03%。外资企业产品出口生存率累积下降幅度其次，从66.17%下降到34.86%，下降幅度为31.31%。而集体企业产品出口生存率累积变化从54.40%下降到21.81%，下降幅度达32.59%。国有企业产品出口生存率累积变化从55.71%下降到20.48%，下降幅度高达35.23%。这说明了随着出口持续时间的延长，私营和外资企业与其他所有制企业间的生存率差异更大，反映了私营企业和外资企业在国际市场有较强的竞争力。

表 5.6 国有企业出口持续时间的 K – M 估计

时间区间（年）	起始值	失败数	生存率	标准误	95% 生存率置信区间
1	34602	1.6e + 04	0.5507	0.0027	[0.5454, 0.5559]
2	13302	4750	0.3540	0.0029	[0.3484, 0.3596]
3	6193	1409	0.2735	0.0029	[0.2678, 0.2792]
4	2944	513	0.2258	0.0031	[0.2198, 0.2319]
5	1468	137	0.2048	0.0033	[0.1984, 0.2112]
6	636	0	0.2048	0.0033	[0.1984, 0.2112]

注：表格数值由 K – M 生存率估计结果汇总整理所得。

表 5.7 外资企业出口持续时间的 K – M 估计

时间区间（年）	起始值	失败数	生存率	标准误	95% 生存率置信区间
1	219299	7.4e + 04	0.6617	0.0010	[0.6597, 0.6637]
2	95532	2.4e + 04	0.4973	0.0012	[0.4950, 0.4997]
3	48759	6464	0.4314	0.0013	[0.4289, 0.4339]
4	21336	2571	0.3794	0.0015	[0.3765, 0.3823]
5	10435	849	0.3486	0.0017	[0.3452, 0.3519]
6	4108	0	0.3486	0.0017	[0.3452, 0.3519]

注：表格数值由 K – M 生存率估计结果汇总整理所得。

表 5.8 集体企业出口持续时间的 K – M 估计

时间区间（年）	起始值	失败数	生存率	标准误	95% 生存率置信区间
1	39982	1.8e + 04	0.5440	0.0025	[0.5391, 0.5489]
2	15310	5309	0.3554	0.0027	[0.3502, 0.3606]
3	7273	1569	0.2787	0.0027	[0.2735, 0.2840]
4	3493	505	0.2384	0.0028	[0.2329, 0.2440]
5	1807	154	0.2181	0.0030	[0.2122, 0.2241]
6	747	0	0.2181	0.0030	[0.2122, 0.2241]

注：表格数值由 K – M 生存率估计结果汇总整理所得。

表 5.9 　　　　　　　　　私营企业出口持续时间的 K – M 估计

时间区间（年）	起始值	失败数	生存率	标准误	95% 生存率置信区间
1	482848	1.4e + 05	0.6999	0.0007	[0.6987, 0.7012]
2	199379	4.5e + 04	0.5412	0.0008	[0.5395, 0.5428]
3	97723	1.1e + 04	0.4783	0.0009	[0.4765, 0.4801]
4	40689	4334	0.4274	0.0011	[0.4252, 0.4295]
5	18949	1230	0.3996	0.0013	[0.3971, 0.4021]
6	6709	0	0.3996	0.0013	[0.3971, 0.4021]

注：表格数值由 K – M 生存率估计结果汇总整理所得。

图 5.3 说明了私营企业和外资企业的生存率明显高于国有企业和集体企业。随着出口持续时间的延长，大量的国有企业和集体企业退出了出口市场。私营企业与其他所有制企业间的生存率差异更大，反映了私营企业在国际市场有较强的竞争力，这与私营企业较高的生产率和灵活的管理机制有关。外资企业的生产率略低于私营企业，这可能与国家政策变化有关，2001 年，中国"取消了关于外资企业必须全部或大部分产品用于出口的规定"（裴长洪，2008）[138]。这使外资企业转而将国内市场视为首选目标，进而导致企业出口倾向有所下降。但是"三资企业"与国外市场有

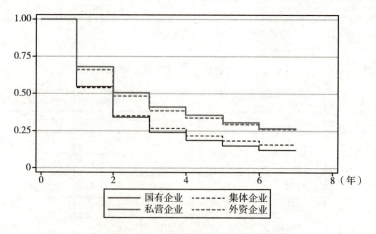

图 5.3　不同所有制企业出口的生存曲线

更多联系，其出口生存率仍然明显高于国有企业和集体企业，图 5.3 的生存曲线更直观地说明了这一点。集体企业和国有企业受限于政府政策的制约，企业经营和管理往往较为传统，造成企业活力不足，致使阻碍它们的出口贸易。相反，私营企业和外资企业往往具有更为灵活的管理方式和较高生产技术，为它们的企业持续出口奠定了较强的优势，因此，样本期内私营企业和外资企业出口生存能力往往强于集体企业和国有企业。

5.3.4　企业出口生存函数的估计：分出口目的地

本书采用非参数的 K - M 估计方法，选取了持续时间段排名前 5 的国家和地区，以及排名前 2 的发展中国家，分别对其制造业出口的持续时间总体分布进行估计，这些国家和地区是：美国、日本、韩国、德国和马来西亚、印度和中国香港地区。首先，本书给出了总观测数量与出口贸易关系生存时间的三个分位数，结果如表 5.10 所示。①观察数量方面，除了中国香港地区以外，中国内地主要与美国、日本、韩国、德国等发达国家保持了大量的外贸关系。中国内地与香港地区之间贸易量大的原因在于：第一，香港地区自身条件优越（自由贸易港、关税低、外汇进出方便）。第二，中央政策大力扶持，中国内地外贸商品很多以香港地区作为中转站，间接提高了内地与香港间贸易量。而与马来西亚和印度等发展中国家的贸易总量也相对较弱。②持久度方面，以美国、日本、韩国、德国和中国香港地区为出口目的地的企业能够维持长久的贸易关系，尤其是与美国、日本和中国香港地区有贸易往来企业的优势更加明显。而出口国家为马来西亚和印度的分位数明显较小，说明了出口到马来西亚和印度的企业的商品贸易持久度相对不佳。

表 5.10 5 个主要出口目的地及部分发展中国家的出口持续时间统计描述

出口国家（地区）	总观察数量	生存时间		
		P50	P75	P90
美国	33606	2	3	4
中国香港	29160	2	4	4
日本	26488	2	4	4
韩国	25478	1	3	3
德国	22100	1	3	3
马来西亚	15244	1	2	3
印度	13673	1	2	3

注：表格数值由 K – M 生存率估计结果汇总整理所得。

为了更好地刻画出上述制造业最具优势国家和地区在出口持续时间上的细节，仅仅通过分位数进行统计描述是远远不够的。基于此，本书采用非参数的 K – M 估计方法进一步估计出各个可能的时间区间内制造业出口贸易关系的生存率及其他相应的统计指标，如表 5.11 ~ 表 5.17 所示。

表 5.11　　以美国为出口地的企业出口持续时间的 K – M 估计

时间区间（年）	起始值	失败数	生存率	标准误	95% 生存率置信区间
1	33606	6976	0.7924	0.0022	[0.7880, 0.7967]
2	18596	3211	0.6556	0.0029	[0.6500, 0.6612]
3	10864	843	0.6047	0.0031	[0.5986, 0.6108]
4	4886	433	0.5511	0.0038	[0.5437, 0.5585]
5	2500	108	0.5273	0.0042	[0.5190, 0.5356]
6	979	0	0.5273	0.0042	[0.5190, 0.5356]

注：表格数值由 K – M 生存率估计结果汇总整理所得。

表 5.12　　以中国香港为出口地的企业出口持续时间的 K – M 估计

时间区间（年）	起始值	失败数	生存率	标准误	95% 生存率置信区间
1	29160	7698	0.7360	0.0026	[0.7309, 0.7410]
2	15087	3373	0.5715	0.0032	[0.5652, 0.5777]
3	8779	980	0.5077	0.0034	[0.5009, 0.5144]

时间区间（年）	起始值	失败数	生存率	标准误	95%生存率置信区间
4	3789	439	0.4488	0.0040	[0.4409, 0.4567]
5	1903	131	0.4179	0.0046	[0.4090, 0.4269]
6	825	0	0.4179	0.0046	[0.4090, 0.4269]

注：表格数值由 K - M 生存率估计结果汇总整理所得。

表 5.13　以日本为出口地的企业出口持续时间的 K - M 估计

时间区间（年）	起始值	失败数	生存率	标准误	95%生存率置信区间
1	26488	6575	0.7518	0.0027	[0.7465, 0.7569]
2	14437	2882	0.6017	0.0033	[0.5952, 0.6081]
3	8812	836	0.5446	0.0035	[0.5377, 0.5515]
4	4056	390	0.4922	0.0041	[0.4843, 0.5002]
5	2101	130	0.4618	0.0046	[0.4527, 0.4708]
6	839	0	0.4618	0.0046	[0.4527, 0.4708]

注：表格数值由 K - M 生存率估计结果汇总整理所得。

表 5.14　以韩国为出口地的企业出口持续时间的 K - M 估计

时间区间（年）	起始值	失败数	生存率	标准误	95%生存率置信区间
1	25478	7072	0.7224	0.0028	[0.7169, 0.7279]
2	12113	2793	0.5559	0.0035	[0.5489, 0.5627]
3	6584	812	0.4873	0.0038	[0.4798, 0.4947]
4	2948	344	0.4304	0.0044	[0.4217, 0.4391]
5	1431	114	0.3961	0.0051	[0.3861, 0.4062]
6	550	0	0.3961	0.0051	[0.3861, 0.4062]

注：表格数值由 K - M 生存率估计结果汇总整理所得。

表 5.15　以德国为出口地的企业出口持续时间的 K - M 估计

时间区间（年）	起始值	失败数	生存率	标准误	95%生存率置信区间
1	22100	5831	0.7362	0.0030	[0.7303, 0.7419]
2	10763	2195	0.5860	0.0037	[0.5787, 0.5932]
3	5762	621	0.5229	0.0041	[0.5148, 0.5308]
4	2534	263	0.4686	0.0048	[0.4591, 0.4781]

续表

时间区间（年）	起始值	失败数	生存率	标准误	95%生存率置信区间
5	1236	68	0.4428	0.0055	[0.4320, 0.4535]
6	467	0	0.4428	0.0055	[0.4320, 0.4535]

注：表格数值由 K - M 生存率估计结果汇总整理所得。

表5.16   以马来西亚为出口地的企业出口持续时间的 K - M 估计

时间区间（年）	起始值	失败数	生存率	标准误	95%生存率置信区间
1	15244	4936	0.6762	0.0038	[0.6687, 0.6836]
2	6607	1704	0.5018	0.0046	[0.4928, 0.5108]
3	3320	486	0.4283	0.0050	[0.4185, 0.4381]
4	1497	183	0.3760	0.0057	[0.3648, 0.3871]
5	742	56	0.3476	0.0064	[0.3351, 0.3602]
6	289	0	0.3476	0.0064	[0.3351, 0.3602]

注：表格数值由 K - M 生存率估计结果汇总整理所得。

表5.17   以印度为出口地的企业出口持续时间的 K - M 估计

时间区间（年）	起始值	失败数	生存率	标准误	95%生存率置信区间
1	13673	4015	0.7064	0.0039	[0.6986, 0.7139]
2	5825	1259	0.5537	0.0049	[0.5441, 0.5632]
3	2809	311	0.4924	0.0054	[0.4817, 0.5030]
4	1196	131	0.4385	0.0066	[0.4255, 0.4513]
5	548	32	0.4128	0.0076	[0.3979, 0.4277]
6	199	0	0.4128	0.0076	[0.3979, 0.4277]

注：表格数值由 K - M 生存率估计结果汇总整理所得。

当我们完全刻画出不同贸易出口地企业出口贸易生存率的时候，可以发现仅仅用生存时间的分位数来刻画各个国家和地区制造业出口持续时间的特征是远远不够的。从生存时间的分位数来看，以美国为出口目的地的企业与以中国香港或日本为出口目的地的企业平起平坐，甚至要更弱。但是从各个时间区间生存率的累积大小来看，情况就不同，就本书选择的7

个目的地来看，以美国为目的地的企业出口生存率 5 年累积下降幅度最小，从 79.24% 下降为 52.73%，下降幅度达到了 26.51%。而以日本为目的地的企业出口生存率 5 年累积变化仅从 75.18% 下降为 46.18%，下降幅度达到了 29.00%；以中国香港为目的地的企业出口生存率 5 年累积变化从 73.60% 下降为 41.79%，下降幅度达到了 31.81%。值得注意的是，贸易量排第 5 的目的地为德国的企业出口生存率 5 年累积变化从 73.62% 下降到 44.28%，下降幅度达到 29.34%，仅次于美国与日本。其他的发展中国家为目的地出口生产率累计变化情况如下，以印度、马来西亚及韩国出口目的地的企业出口生存率累积下降幅度分别达到了 31.36%、32.63% 和 32.86%。这说明了与美国、德国以及日本等经济强国和地区的企业出口贸易体现了较强的持久性与稳定性，而与印度和马来西亚等发展中国家的企业出口贸易从稳定性上看还有较大差距。

接下来，为了更直观地体现生存率的变化情况，基于 K - M 估计，进一步绘制了各样本国家和地区的生存函数图（见图 5.4）。分出口目的地上，美国、德国以及日本等经济强国和地区的企业出口贸易体现了较强的持久性与稳定性，而印度和马来西亚等发展中国家的企业出口贸易从稳定性上看还有较大差距。

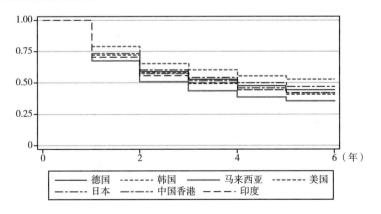

图 5.4　不同出口目的地的企业出口生存曲线

5.3.5 企业出口生存函数的估计：分出口产品质量

目前用产品价格或者单位价值衡量出口产品质量是应用最广泛的方法，本书对出口产品单位价值测算使用的数据来自中国海关进出口数据库，使用企业出口每种产品的出口额占其出口总额的比重作为权重，计算该企业出口产品的平均质量（*quality*）。根据出口产品质量程度将中国出口产品的生产企业划分为出口低质量产品和出口高质量产品两大类企业，即以其中位数 8.76082 为临界值，当 *quality* < 8.76082 时，企业出口产品为低质量的；反之，企业出口产品则为高质量产品。按照此分类方法对出口企业贸易关系进行生存分析方法的 K－M 生存率估计，具体结果见表 5.18 和表 5.19。

表 5.18　　生产高质量产品的企业出口持续时间的 K－M 估计

时间区间（年）	起始值	失败数	生存率	标准误	95%生存率置信区间
1	378466	9.8e+04	0.7413	0.0007	[0.7399，0.7427]
2	180075	3.6e+04	0.5921	0.0009	[0.5904，0.5939]
3	95872	9407	0.5340	0.0010	[0.5321，0.5360]
4	41407	3839	0.4845	0.0012	[0.4822，0.4868]
5	20201	1188	0.4560	0.0014	[0.4533，0.4587]
6	7662	0	0.4560	0.0014	[0.4533，0.4587]

注：表格数值由 K－M 生存率估计结果汇总整理所得。

表 5.19　　生产低质量产品的企业出口持续时间的 K－M 估计

时间区间（年）	起始值	失败数	生存率	标准误	95%生存率置信区间
1	378051	1.5e+05	0.6148	0.0008	[0.6133，0.6164]
2	135709	4.0e+04	0.4336	0.0009	[0.4318，0.4355]
3	60469	1.1e+04	0.3575	0.0010	[0.3555，0.3595]

续表

时间区间（年）	起始值	失败数	生存率	标准误	95%生存率置信区间
4	25350	3855	0.3031	0.0012	[0.3008, 0.3054]
5	11559	1094	0.2744	0.0014	[0.2718, 0.2771]
6	4151	0	0.2744	0.0014	[0.2718, 0.2771]

注：表格数值由 K－M 生存率估计结果汇总整理所得。

　　我们发现在生存率上，有 0.74% 的生产高质量产品的企业出口持续时间超过 1 年，比低质量产品的生产率高了 12.85%，超过 2 年、3 年、4 年和 5 年时它们之间的差距分别为 15.85%、17.65%、18.14% 和 18.16%，这表明生产高质量产品的企业出口持续时间更长，随着持续时间延长，生存率间的差异会更大，也反映了生产高质量产品的生存能力更强。说明了生产高质量产品，有很大的贸易竞争力，方便出口商进行贸易活动，应该具有较长的出口贸易关系持续时间。

　　图 5.5 的生存曲线更直观地说明了生产高质量产品的企业的生存率明显高于生产低质量产品的企业，说明了中国出口产品的质量有助于提高企业的出口持续时间。我国可以牢牢占据技术含量和质量较高的"产品清单"，其借助持续出口获利的形式，不断巩固自身的质量优势，从而提高

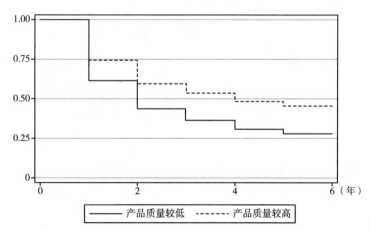

图 5.5　不同出口产品质量的企业出口的生存曲线

出口持续时间，最终达到处于"高质稳进"的良性循环状态。该循环状态如下：出口产品质量较高→出口持续能力提升→企业持续获利→持续研发→出口产品质量较高→出口持续能力提升。这一"高质稳进"的循环模式还能帮助我国牢牢掌握着国际分工的主动权，使得自己长期处于国际分工价值链的高端。

5.3.6 企业出口生存函数的估计：分产品核心程度

虽然在中国也普遍存在多产品出口企业，且其存在频繁的产品转换行为，但多产品出口企业出口的核心产品种类却十分有限。因此本书基于企业—产品核心程度进行生存函数估计，将由 t 时期该企业—产品出口额占企业总出口额比重表示企业—产品的核心程度，出口额比重位于区间（0，0.01）、[0.01，0.1）、[0.1，0.5）、[0.5，1] 分别赋予企业—产品核心程度的值为1、2、3、4；核心程度的值越大，说明产品在企业出口中的核心程度越高。按照此分类方法对出口企业贸易关系进行生存分析方法的 K–M 生存率估计，具体结果见表5.20~表5.23。产品核心程度为1的企业出口生存率5年期初累积下降幅度最大，从58.19%下降为22.98%，下降幅度达到了37.21%。而产品核心程度为2的企业出口生存率5年累积变化仅从65.4%下降为32.45%，下降幅度达到了32.95%。产品核心程度为3的企业出口生存率5年累积变化从69.35%下降为37.76%，下降幅度达到了31.59%。产品核心程度为4的企业出口生存率5年期初累积下降幅度最小，从74.77%下降为46.64%，下降幅度达到了28.13%。这说明了随着企业—产品核心程度上升，其出口生存概率显著提高。第6期后核心程度为4的产品出口失败概率仅约为核心程度为1的产品出口失败概率的一半。

表 5. 20　　　　产品核心程度为 1 的企业出口持续时间 K - M 估计

时间区间（年）	起始值	失败数	生存率	标准误	95% 生存率置信区间
1	214449	9.00E+04	0.5819	0.0011	[0.5798, 0.584]
2	70203	2.30E+04	0.3947	0.0013	[0.3922, 0.3972]
3	29548	6009	0.3144	0.0014	[0.3118, 0.3171]
4	12173	2161	0.2586	0.0016	[0.2556, 0.2617]
5	5334	595	0.2298	0.0018	[0.2263, 0.2333]
6	1833	0	0.2298	0.0018	[0.2263, 0.2333]

注：表格数值由 K - M 生存率估计结果汇总整理所得。

表 5. 21　　　　产品核心程度为 2 的企业出口持续时间 K - M 估计

时间区间（年）	起始值	失败数	生存率	标准误	95% 生存率置信区间
1	141344	4.90E+04	0.654	0.0013	[0.6515, 0.6564]
2	56138	1.50E+04	0.4781	0.0015	[0.4751, 0.4811]
3	26292	4000	0.4054	0.0017	[0.4021, 0.4087]
4	11214	1456	0.3528	0.0019	[0.3489, 0.3566]
5	5334	427	0.3245	0.0022	[0.3202, 0.3289]
6	1154	0	0.3245	0.0022	[0.3202, 0.3289]

注：表格数值由 K - M 生存率估计结果汇总整理所得。

表 5. 22　　　　产品核心程度为 3 的企业出口持续时间 K - M 估计

时间区间（年）	起始值	失败数	生存率	标准误	95% 生存率置信区间
1	71165	2.20E+04	0.6935	0.0017	[0.6901, 0.6968]
2	30896	7354	0.5284	0.0021	[0.5242, 0.5326]
3	15315	1890	0.4632	0.0023	[0.4586, 0.4678]
4	6634	760	0.4101	0.0028	[0.4047, 0.4155]
5	3098	246	0.3776	0.0032	[0.3712, 0.3839]
6	1154	0	0.3776	0.0032	[0.3712, 0.3839]

注：表格数值由 K - M 生存率估计结果汇总整理所得。

表 5.23   产品核心程度为 4 的企业出口持续时间的 K – M 估计

时间区间（年）	起始值	失败数	生存率	标准误	95%生存率置信区间
1	329559	8.30E + 04	0.7477	0.0008	[0.7462, 0.7492]
2	158547	3.10E + 04	0.6006	0.001	[0.5987, 0.6025]
3	85186	8126	0.5433	0.0011	[0.5412, 0.5454]
4	36736	3317	0.4942	0.0013	[0.4918, 0.4967]
5	17994	1014	0.4664	0.0015	[0.4635, 0.4692]
6	6833	0	0.4664	0.0015	[0.4635, 0.4692]

注：表格数值由 K – M 生存率估计结果汇总整理所得。

接下来，为了更直观地体现生存率的变化情况，基于 K – M 估计，进一步绘制了不同产品核心程度的企业生存函数曲线，如图 5.6 所示。

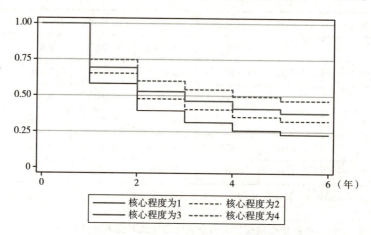

图 5.6   分产品核心企业出口的生存曲线

我国出口企业随着出口贸易关系时间的延续，生存率都呈下降趋势，但是三年以后下降的幅度趋于平缓，这表明了我国企业要在出口的前三年将会遇到严峻的生产调整，三年后维持更长时间所遭遇失败的风险将明显小于期初。此外，不同核心程度产品的生存时间存在显著差异，无论哪个时期，生产产品核心程度高的企业出口生存率明显高于生产产品核心程度低的企业，说明随着企业—产品核心程度上升，其出口生存概率显著提高。

5.3.7　企业出口生存函数的估计：分经济类型

国际环境的变动迫使企业适时调整其出口产品组合，产品异质性导致多产品企业内不同产品的出口动态存在差异。为了进一步考察企业内异质产品的出口动态，根据 BEC 的分类标准，将我国出口企业按其产品种类划分为消费品、中间品和资本品三种类型，并分别对其进行方法下的出口企业贸易关系生存率的估计。结合表 5.24 ~ 表 5.26，我们将对不同产品种类企业出口持续时间进行估计。在生存率上，有 75.01% 的产品种类为消费品的企业产品出口持续时间超过 1 年，远高于产品种类为中间品和资本品的企业，分别达到 69.20% 和 60.47%。在生存率累积变化率上，6 年内产品种类为消费品的企业产品出口生存率累积下降幅度最少，从 75.01% 下降到 47.04%，下降幅度达 27.97%。6 年内产品种类为中间品的企业产品出口生存率累积下降幅度次之，从 69.20% 下降到 37.77%，下降幅度为 31.43%。6 年内产品种类为资本品的企业产品出口生存率累积变化最大，从 60.47% 下降到 26.03%，下降幅度达 34.44%。这说明了消费品的出口生存率大于中间品和资本品的出口生存率。此外，图 5.7 的生存曲线更直观地说明了消费品的出口生存率大于中间品和资本品的出口生存率。这一特征事实与戈尔甘等（Görg et al.，2012）[139] 研究结果一致。

表 5.24　　经济类型为消费品的企业出口持续时间的 K - M 估计

时间区间（年）	起始值	失败数	生存率	标准误	95% 生存率置信区间
1	307779	7.70E + 04	0.7501	0.0008	[0.7486, 0.7517]
2	148727	2.90E + 04	0.6037	0.001	[0.6017, 0.6056]
3	80196	7555	0.5468	0.0011	[0.5446, 0.5489]
4	34548	3068	0.4982	0.0013	[0.4957, 0.5008]
5	16935	947	0.4704	0.0015	[0.4674, 0.4733]
6	6461	0	0.4704	0.0015	[0.4674, 0.4733]

注：表格数值由 K - M 生存率估计结果汇总整理所得。

表 5.25　　　经济类型为中间品的企业出口持续时间的 K - M 估计

时间区间（年）	起始值	失败数	生存率	标准误	95％生存率置信区间
1	123153	3.80E + 04	0.692	0.0013	[0.6894, 0.6946]
2	53278	1.30E + 04	0.5282	0.0016	[0.525, 0.5314]
3	26464	3300	0.4623	0.0018	[0.4588, 0.4658]
4	11498	1338	0.4085	0.0021	[0.4044, 0.4126]
5	5434	410	0.3777	0.0024	[0.3729, 0.3824]
6	1992	0	0.3777	0.0024	[0.3729, 0.3824]

注：表格数值由 K - M 生存率估计结果汇总整理所得。

表 5.26　　　经济类型为资本品的企业出口持续时间的 K - M 估计

时间区间（年）	起始值	失败数	生存率	标准误	95％生存率置信区间
1	3.26E + 05	1.30E + 05	0.6047	0.0009	[0.603, 0.6064]
2	113779	3.50E + 04	0.4209	0.001	[0.419, 0.4229]
3	49681	9.17E + 03	0.3432	0.0011	[0.3411, 0.3454]
4	20711	3288	0.2888	0.0013	[0.2863, 0.2913]
5	9391	925	0.2603	0.0015	[0.2575, 0.2632]
6	3360	0	0.2603	0.0015	[0.2575, 0.2632]

注：表格数值由 K - M 生存率估计结果汇总整理所得。

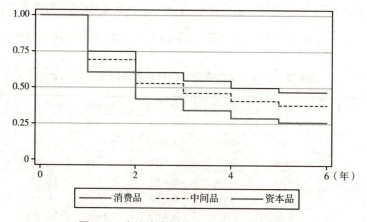

图 5.7　分经济类型的企业出口生存曲线

5.4 小结

本章基于卡普兰—迈尔乘积限估计方法，我们分别对出口生存函数做了总体、分区域、分所有制、分出口目的地、分出口产品质量、分核心程度和分经济类型估计。结论表明：①总体上，一个维持了更长时间的贸易关系再多维持一年相比一个处在贸易关系确立初期的贸易关系再多维持一年而遭遇失败的风险要小一些。②分区域上，东部地区企业出口持续时间相较于中西部地区而言，随着持续时间延长，生存率间的差异会更大，也反映了东部地区企业出口的生存能力更强。③分所有制上，私营企业和外资企业的生存率明显高于国有企业和集体企业。④分出口目的地上，与美国、德国以及日本等经济强国和地区的企业出口贸易体现了较强的持久性与稳定性，而印度和马来西亚等发展中国家的企业出口贸易从稳定性上看与经济强国还有较大差距。⑤分出口产品质量上，生产高质量产品的企业出口生产率高，持续时间更长。出口产品的质量有助于提高企业的出口持续时间。通过占据技术含量和质量较高的"产品清单"，其借助持续出口获利的形式，不断巩固自身的质量优势，从而提高出口持续时间，最终可以达到处于"高质稳进"的良性循环状态。对此，本书通过实证分析深入探讨企业出口产品质量如何影响企业出口持续时间。⑥分核心程度上，不同核心程度产品的生存时间存在显著差异，随着企业—产品核心程度上升，其出口生存概率显著提高。⑦分经济类型上，生产类型为消费品的企业出口生存率大于生产类型为中间品和资本品的出口生存率。

第 *6* 章

产品异质性对中国制造业企业
出口持续时间的影响分析

在全球出口市场中，异质性产品出口企业普遍存在。而在当前国际产业分工日益深化的国际贸易格局下，不管是发达国家还是发展中国家，异质性产品出口企业在国际贸易中均扮演着至关重要的角色。（Bernard et al.，2007；Bernard et al.，2010b；Goldberg et al.，2010；Iacovone and Javoreik，2010）[140~145]。为此，本章将基于二元离散模型从不同产品质量、多产品种类和不同产品核心程度的三个视角分析企业内异质产品的出口持续时间问题。

6.1 二元离散选择模型

利用生存分析方法（survival analysis）研究企业出口持续时间的影响因素分析时主要利用关于生存分析方法离散时间序列生存分析方法（Logit、Probit 和 Cloglog 模型）和关于连续时间序列生存分析方法（考克斯比例风险模型）。二元离散模型（Pobit 模型、Logit 模型和 Cloglog 模型）能够克服考克斯模型的以下不足之处：①二元离散模型可以克服由企业出口持续时间的节点所引起的系数估计有偏的困难。②二元离散模型打破了考克斯模型的假设，即 2 个贸易片段间的风险率之比不随着时间 T 的变化而变化。③二元离散模型可以使用离散时间序列数据来研究企业出口持续时间相关问题。鉴于本章匹配 2000～2006 年中国海关数据库和工业企业数据库，数据将不再完全连续。因此，本书选择二元离散选择模型，接下来首先将简要介绍二元离散模型中的 Probit 模型、Logit 模型和 Cloglog 模型的形式和估计过程。

6.1.1　二元离散模型的基本形式

假设存在一个潜在变量 $y_i^* = x'_i\beta + u_i^*$。它与 x_i 之间具有线性关系，即：

$$y_i^* = x'_i\beta + u_i^* \tag{6.1}$$

式中，u_i^* 是随机扰动项。y_i 和 y_i^* 的具体关系如下：

$$y_i = \begin{cases} 1, & y_i^* > 0 \\ 0, & y_i^* \leq 0 \end{cases} \tag{6.2}$$

即当临界值为 0 时，y_i^* 大于临界值 0，$y_i = 1$；y_i^* 小于等于 0，$y_i = 0$。当然事实上如果 x_i 含有有常数项时，此时临界值的选取是无关的，因此先假定临界值等于 0，故：

$$P(y_i = 1 \mid x_i, \beta) = P(y_i > 0) = P(u_i^* > -x'_i\beta) = 1 - F(-x'_i\beta) \tag{6.3}$$

$$P(y_i = 0 \mid x_i, \beta) = P(y_i \leq 0) = P(u_i^* \leq -x'_i\beta) = F(-x'_i\beta) \tag{6.4}$$

式中，F 是 u_i^* 的分布函数。因此，形成了如下的二元选择模型：

$$y_i = 1 - F(-x_i'\beta) + u_i \tag{6.5}$$

即 y_i 关于它的条件均值的一个回归。

分布函数的类型决定了二元选择模型的类型，根据分布函数 F 的不同，二元选择模型可以有不同的类型，常用的二元选择模型如表 6.1 所示。

表6.1　　　　　　　　　**三种二元离散选择模型**

u_i^* 对应的分布	分布函数 F	相应的二元选择模型
标准正态分布	$\Phi(x)$	Probit 模型
逻辑分布	$\dfrac{e^x}{1 + e^x}$	Logit 模型
极值分布	$1 - \exp(-e^x)$	Cloglog 模型

6.1.2　二元离散选择模型的估计问题

二元选择模型通常利用极大似然估计方法。假定似然函数的基本公式为：

$$L = \prod_{y_i=0} [1 - F(x'\beta_i)] \prod_{y_i=1} F(x'\beta_i) \tag{6.6}$$

即：

$$L = \prod_{i=1}^{N} [F(x'\beta_i)]^{y_i} [1 - F(x'\beta_i)]^{1-y_i} \tag{6.7}$$

取对数的似然函数为：

$$\ln L = \sum_{i=1}^{N} \{ y_i \ln F(x'\beta_i) + (1 - y_i) \ln[1 - F(x'\beta_i)] \} \tag{6.8}$$

取对数的似然函数的一阶条件为:

$$\frac{\partial \ln L}{\partial \beta} = \sum_{i=1}^{N} \left[\frac{y_i f_i}{F_i} + (1 - y_i) \frac{-f_i}{1 - F_i} \right] x'_i = 0 \qquad (6.9)$$

式中，f_i 表示概率密度函数。根据已知分布函数和概率密度函数以及样本值，并求解方程（6.9），即可算出各参数的极大似然估计量。例如，将上述 Probit 模型、Logit 模型和 Cloglog 模型的分布函数和概率密度函数代入式（6.9）就可以算出 Probit 模型、Logit 模型和 Cloglog 模型的参数极大似然估计值。由于式（6.9）往往是非线性的，因此常利用迭代法进行求解式（6.9）。值得注意的是，二元选择模型中因变量的边际影响可以从系数的符号上判断正负影响。若系数为正，表明随着解释变量越大，因变量取 1 的概率越大；相反，若系数为负，表明相应的概率将越小。

6.2　计量模型设定

具体来看，在离散时间模型中，可以令 T 表示某一个贸易关系的持续时间，为一连续的非负随机变量。贸易关系持续时间分析的核心问题就是一个特定的贸易关系在给定的时间区间 $[t_k, t_{k+1}]$ 内中比的概率，$k = 1$，2，$\cdots$，$k^{\max}$ 且 $t_1 = 0$，这一概率称为离散时间的风险率，基本形式可设定为:

$$h_{ik} = P(T_i < t_{k+1} \mid T_i \geq t_k, x_{ik}) = F(x'_{ik}\beta + \gamma_k) \qquad (6.10)$$

其中，i 表示一个特定贸易关系片段的持续时间（$i = 1, 2, \cdots, n$），x_{ik} 表示时间依存协变量，γ_k 表示基准风险函数，是关于时间 t 的函数。因此，

风险率 h_{ik} 在不同的时间区间内是不同的，$F(\cdot)$ 为分布函数，它对所有的 i 和 k 都有 $0 \le h_{ik} \le 1$。引入二元离散变量 y_{ik}，即若时间段 i 在第 k 年终止出口了，则 h_{ik} 为 1，否则 h_{ik} 为 0。根据詹金斯（Jenkins，1995）[146]可得到：

$$\ln L = \sum_{i=1}^{n} \sum_{k=1}^{k_i} \left[y_{ik} \ln(h_{ik}) + (1 - y_{ik}) \ln(1 - h_{ik}) \right] \quad (6.11)$$

因此，离散时间风险模型可用二元因变量（binary outcomes）的方法进行估计（Jenkins，1995）[146]。为了估计模型的参数，需要设定风险率 h 的函数形式，通常应用的函数形式是 h，服从正态分布、Logistic 分布和极值分布，分别对应 Probit 模型、Logit 模型和 Cloglog 模型，它们都具有考克斯模型的优点，能有效解决右删失问题和基准风险函数的非参数估计。并借鉴戈尔甘等（Görg et al.，2012）[147]生存分析的方法构建企业—产品 m 在 t 时期的离散时间生存分析模型，模型基本设定如下：

$$\ln[h_v(t, X)] = \gamma_t + \beta_0 quality + \beta_1 variety + \beta_2 core + \beta' X + \mu \quad (6.12)$$

其中，重要解释变量 quality、variety 和 core 分别表示为出口产品质量、产品种类和产品核心程度，协变量 X 是其他解释变量的集合，包括影响贸易关系失败危险率的各个因素；$h_v(t, X)$ 表示具有协变量 X 的个体在时刻 t 的危险率；β 是待估计的回归系数；γ_t 是非给定的随时间变化的基准危险函数；误差项 $\mu = \ln(\nu)$，且 $\mu - N(0, \sigma^2)$，用于控制企业—产品不可观测的异质性；ν 表示企业—产品不可观测的异质性。

6.3 变量的选取

本书在整理和总结国内外研究出口持续时间影响因素的相关文献，并根据中国工业企业数据库和中国海关数据库 2000～2006 年的各项出口企业指标数据的可得性,除了被解释变量(风险率)以外,解释变量将分成三个层面,即在企业产品多样性层面,本书选取了出口产品质量、产品种类数和产品核心程度。在国家(地区)层面的影响因素中,本书引入了引力变量,包括国家(地区)规模、出口目的市场是否为内陆国(地区)、与贸易国(地区)是否接壤、是否有共同语言。在企业层面,本书确定了企业规模、生产率水平、企业出口目的地数目和企业与目的市场的初始贸易额作为影响出口企业贸易关系持续时间的影响变量。

6. 3. 1　主要解释变量的测算

6. 3. 1. 1　出口产品质量的测算

企业在经营贸易活动产品的时候,努力通过技术研发实现产品质量的提升和优化,使产品与同类产品在质量上有所区别,通过这种方式满足消费者对产品质量的新要求,通过差异化的供给获得更多的市场份额的贸易战略。借鉴张杰(2014)[148]、刘慧等(2014)[149]、施炳展等(2013)[150]、皮韦托和思马哥胡(Piveteau and Smagghue,2013)[151]的研究思路,本书拟采用企业中间产品进口国(地区)的真实汇率,作为解决企业出口产品价格和产品需求之间内生性问题的工具变量。其理由在于一方面企业进口中间产品来源地的真实汇率变化带来的冲击会对企业生产成本造成直接冲击,从而对企业出口产品价格造成影响;另一方面企业进口中间产品来源地的真实汇率变化带来的冲击,并不会直接影响到企业产品出口国(地区)的消费者需求,也不会直接影响到企业出口产品质量。工具变量 $\overline{RER_{ft}}$ 的具体设计方法见式(6.13)。这里, ω_{0sf} 表示在样本初期 2000 年企业从进口来源地所进口的中间产品占企业总进口的比重，取期初值就是为了尽可能消除企业从进口来源地进口的中间产品本身质量差异的影响。此外，中国情境下，企业使用的进口中间产品未必是自身直接从境外进口所得，而是通过进口代理贸易商或者企业之间由于代工行为发生的转售现象，这就导致不少企业使用的进口中间产品难以在海关数据库中获得精确信息。为了尽可能消除这种因素对工具变量的影响，我们所做的改进是按照海关6位码的产品层面来重新加权企业层面的 ω_{0sf}。其好处是：一方面，可以在一定程度上缓解企业由于进口代理贸易商或企业之间转售现象造成的企业进口中间产品信息偏误；另一方面，由于采用的是6位码产品层面的进口中间产品信息，其对单个样本单元层面的出口产品质量的直接影响相对较小。

$$\overline{RER_{ft}} = \sum_{h=6} \sum_i \omega_{0sf} \times \log(rer_{st}) \qquad (6.13)$$

其中，rer_{st} 表示使用不同年份 t 的进口来源国和地区 CPI_{st} 和作为进口国的中国 $CPI_{china,t}$ 所调整的相对真实汇率。具体的计算方法为 $rer_{st} = er_{st} \dfrac{CPI_{st}}{CPI_{china,t}}$。仍然可能存在的问题是：对于那些既有中间产品进口又有中间产品出口的企业而言，可采取对冲策略（hedging strategy）来消除汇率变化对企业出口产品价格的冲击性影响。比如，由于进出口带来的对冲效应，中国企业从美国进口中间产品，美元的贬值对企业出口到美国的产品价格并不会产生显著的影响。为了捕捉这种现象对工具变量 $\overline{RER_{ft}}$ 可能产生的偏差性影响，加入 ω_{0sf}^{exp} 权重是个较为合理的处理策略。ω_{0sf}^{exp} 表示在样本初期企业对进口来源国所出口产品的出口额占企业总出口的比重。我们仍然按照6位码产品层面的逻辑设置了第二个工具变量 $\overline{RER_{ht}^{exp}}$：

$$\overline{RER_{ht}^{exp}} = \sum_{h=6} \sum_i \omega_{0sf} \times \omega_{0sf}^{exp} \times \log(rer_{st}) \qquad (6.14)$$

选择企业中间产品进口国（地区）的真实汇率作为工具变量，仍可能存在以下三方面的问题：第一，企业中间产品进口国（地区）的真实汇率对于企业出口产品质量而言，可能是内生的。出口高质量产品的企业可能更倾向于从强势汇率的国家（地区）进口高质量的中间产品，这会导致需求价格弹性产生偏向于零的低估效应。解决此类问题的办法就是在需求结构计量模型中纳入"flow"性质的固定效应，即纳入企业×产品种类（8 位码）×企业出口目的国这三个维度的虚拟变量的固定效应，从而来吸收其可能产生的内生性问题。此外，我们在构造工具变量 $\overline{RER}$ 中用来加权的企业各类中间产品进口额比重，采用的是样本期初 2000 年的数值，这可消除企业中间产品进口额的变化可能带来冲击影响。第二，当企业中间产品的进口面临汇率冲击而使得企业出口产品价格发生波动时，这可能会影响到企业在出口市场的竞争，从而对企业出口产品的外部需求造成影响。然而，这样的影响效应可能非常有限，汇率变动对出口产品需求的冲击与对出口同类产品企业的冲击效应一致，不会产生针对单个企业的额外影响。为尽可能地消除这类潜在性影响，我们在需求结构计量模型中加入"market"性质的固定效应控制变量，即纳入产品种类（8 位码）×出口目的地×年份这三个维度的虚拟变量的固定效应。第三，企业中间产品进口国（地区）的汇率波动会直接影响企业的出口产品质量。当进口中间产品企业面临进口来源地的汇率变化冲击时，企业可能会据此来调整不同质量层次中间产品的进口，从而对企业出口产品质量造成影响。解决这种可能有内生性问题的办法：一是加入利用企业向进口中间产品的来源地出口产品数量作为加权指标，设置企业进口中间产品来源地的人均真实 GDP 作为控制变量；二是加入利用企业进口中间产品数量作为加权指标，设置企业进口中间产品来源地的人均真实 GDP 作为控制变量，即：

$$\overline{gpdc_{ft}^{\text{exp}}} = \sum_s w_{sft}^{\text{exp}} \times \log(gdpc_{st}) ; \overline{gpdc_{ft}^{\text{imp}}} = \sum_s w_{sft}^{\text{imp}} \times \log(gdpc_{st})$$

$$(6.15)$$

其中，$\overline{gpdc_{ft}^{exp}}$ 表示以企业进口中间产品来源地的出口产品额为加权权重、计算得到的加权的企业进口中间产品来源地的人均真实 GDP，$\overline{gpdc_{ft}^{imp}}$ 表示以企业进口中间产品来源地的进口中间产品额为加权权重、计算得到的加权的企业进口中间产品来源地的人均真实 GDP。依据以上讨论，本书最终估算企业出口产品质量的计量方程框架为：

$$
\begin{cases}
\log s_{fpdwt} = (1-\sigma)\log p_{fpdwt} + \alpha_1 tradeway_{fpdwt} + \alpha_2 \overline{gpdc_{ft}^{exp}} + \alpha_3 \overline{gpdc_{ft}^{imp}} \\
\qquad + d + c_d + \mu_{fpd} + \eta_{pdt} + \varepsilon_{fpdwt} \\
\log p_{fpdwt} = \beta_1 \overline{RER_{ht}} + \beta_2 \overline{RER_{ht}^{exp}} + \beta_3 tradeway_{fpdwt} + \beta_4 \overline{gpdc_{ft}^{exp}} \\
\qquad + \beta_5 \overline{gpdc_{ft}^{imp}} + d + c_d + \mu_{fpd} + \eta_{pdt} + \varepsilon_{fpdwt}
\end{cases}
$$

$$(6.16)$$

其中，s_{fpdwt} 表示企业在一个估计策略单元下的出口额，而这个估计所需样本单元的五个维度 f、p、d、w 和 t 依次表示的是企业 × 出口产品种类（8 位码）× 出口目的地 × 出口方式（加工贸易或一般贸易）× 年份。$tradeway_{fpdwt}$ 是企业出口为加工贸易或一般贸易的虚拟变量。d 表示企业出口产品目的地和中国的贸易地理距离。c_d 表示与中国是否为同一文化圈的虚拟变量，设置的方法是如果某国（地区）的第二语言为中文，即将其作为与中国具有相同需求偏好的同一文化圈，是则为 1，否则为 0。μ_{fpd} 和 η_{pdt} 分别表示为"flow"和"market"性质的固定效应。最终，本书得到的样本单元出口产品质量 $quality_{fpdwt}$ 的估算公式为：

$$quality_{fpdwt} = \log s_{fpdwt} - (1-\hat{\sigma})\log p_{fpdwt} - \mu_{pdt} \qquad (6.17)$$

6.3.1.2　企业—产品种类数

产品的多样化是指企业在进行贸易活动时使贸易商品的种类形成有区

别的多样化的贸易商品构成，以达到规避单一品种产品带来的贸易风险，同时达到延长贸易关系的持续时间的目的。企业—产品种类数（*variety*）用 t 时期企业出口产品种类数的对数来表示。企业—产品种类数反映了企业的产品多样化程度，出口结构多样化的企业抵御外部冲击的能力更强，从而分散了企业出口风险，降低了贸易关系的失败概率（Bernard and Jensen，2007；Volpe and Carballo，2010；Esteve-Perez et al.，2011；彭国华等2013）[140,94,42,152]；同时企业出口产品多样化可以降低产品的平均沉没成本且企业可从知识外溢中获益，预期系数结果小于1。

6.3.1.3 企业—产品核心程度（*core*）

阿克洛基斯和穆恩德勒（Arkolakis and Muendler，2010）[106]与埃克尔等（Eckel et al.，2010）[107]表示，企业的核心产品与非核心产品存在产品异质性。考虑到企业—产品的出口额比重与产品的失败概率可能存在内生性问题，本书将产品出口额比重位于区间（0，0.01）、[0.01，0.1）、[0.1，0.5）、[0.5，1]分别赋值 *core* 为1、2、3、4。*core* 值越大，该产品在企业出口中的核心程度越高，该产品的竞争能力越强，可降低该产品的出口失败概率，预期系数结果小于 t。

6.3.2 其他变量

6.3.2.1 被解释变量

离散时间模型为二项选择模型，被解释变量 *fail* 表示一个企业—产品在 t 时期是否退出出口市场。如果企业—产品的出口片段完整，即产品在研究期间就退出出口市场，则企业—产品出口片段的最后一年 *fail* 记为 1，其余年份 *fail* 记为 0。如果一个企业—产品在 2006 年仍未退出市场，则该出口片段的变量 *fail* 每一年都赋值为 0。我们把解释变量分为主要解释变量、出口目的市场的国家（地区）特征变量和企业特征变量 3 个类型。

6.3.2.2　控制变量

在国家（地区）层面的影响因素中，多数文献都引入了引力变量，包括国家（地区）规模、出口目的市场是否为内陆国（地区）、与贸易国（地区）是否接壤、是否有共同语言等。两国（地区）之间距离短、有共同语言或者接壤，通常认为这能降低贸易成本。为此，我们主要选择了 5 个控制变量：

（1）出口目的地的经济规模（*gdp*）。在描述一国（地区）经济规模时，最常用且最具权威性的指标是该国（地区）的年度 GDP。通常情况下，数值较大的国家（地区），具有较大的经济规模，拥有丰富的贸易产品需求市场，拥有巨大的市场潜力，这都有助于该国（地区）进出口贸易关系的维持，较大的数值往往能带来一国（地区）较长的贸易关系持续时间。即目的地的经济规模越大，对中国出口产品的需求也就越多，出口贸易关系持续时间也就越长。本书用出口目的地 2000 年不变价格水平的 GDP 表示。

（2）出口目的市场是否为内陆国（地区）（*land*）。内陆国（地区）是指无海岸线的国家（地区），即被其他陆地国家（地区）所包围的国家（地区），地理条件相对闭塞，交通不便，经济发展水平往往较低。根据《内陆国家过境贸易公约》我们选择了 44 个国家（地区）为内陆国（地区），包括了阿富汗、卢旺达、尼日尔、吉尔吉斯斯坦、中非、尼泊尔、土库曼斯坦、乌兹别克斯坦、列支敦士登、瑞士等，当企业出口目的地为内陆国（地区）时，定义为 $land = 1$，其他出口目的地 $land = 0$。

（3）与其贸易伙伴是否接壤（$coutiguity$）。接壤的两个贸易国（地区）具有最短的贸易运输距离，这样就给接壤的邻国（地区）的双边或多边贸易带来巨大的在距离上的便捷，也就使接壤国（地区）之间的贸易关系持续时间相对比较长。我们将出口目的地为朝鲜、俄罗斯、哈萨克斯坦、吉尔吉斯斯坦、塔吉克斯坦、蒙古国、阿富汗、巴基斯坦、印度、尼泊尔、不丹、缅甸、老挝、越南，以及中国香港和澳门地区的 $coutiguity$ 赋值为1，其他为0。

（4）与贸易伙伴是否有共同语言（$coml$）。语言是企业间贸易交流活动的重要载体，流畅的语言或者书信交流促进企业间贸易关系的持续。当双方拥有相似的语言文化基础，即和出口目的地有共同语言，将使企业在贸易谈判中不会出现语言沟通障碍，提高贸易沟通效率，进而相对降低贸易交易过程中的贸易成本。因此，贸易伙伴之间具有相同的语言从理论上讲对贸易关系的持续时间的延迟有积极作用；相对地，如果贸易伙伴之间的语言不同，就会在一定程度上提高贸易活动的沟通成本，在一定程度上降低贸易活动的沟通效率，从而影响贸易关系持续时间的维持。我们将选择出口目的地为中国香港、澳门、台湾地区，以及新加坡、马来西亚、印度尼西亚、泰国、越南、柬埔寨、缅甸的 $coml$ 赋值为1，其他为0。

（5）与出口目的地的双边距离（$dist$）。贸易地之间的距离是指贸易活动的参与双方在客观空间上的地理距离。我国与出口目的地的双边距离越远，贸易产品的运输费用越大。因此较远的双边距离或许会使得具有价格优势或者产品质量优势的产品因高昂的运输成本的增加而降低其出口产品在境外市场的竞争力，进而威胁到我国企业产品在境外市场占有率，因此，地理距离反映了我国与出口目的地之间的贸易成本，距离越远，运输成本越高，越不利于出口贸易关系的生存。即贸易地的双边距离不利于企业出口持续时间。本书采用贸易地政治中心的距离企业特征变量。

在其他的企业特征变量中，我们选择了 4 种重要控制变量。

第一，企业与目的市场的初始贸易额（*expv*）。在出口企业的特征变量中，出口企业由于缺乏完善的信息，于是在开始交易初期往往金额比较小，随着双方建立信任关系，交易额才会比较大（Rauch and Watson，2003）[26]。初始贸易额较小时企业和进口商之间的贸易往往不稳定，更多是处在试探性相互贸易，但如果贸易额很大则说明了贸易双方之间已经建立了相互信任机制，建立了较好的合作关系，企业产品出口将愈加稳定。因此，贸易额越大，贸易双方将越信任彼此，这段贸易关系的生存率将越高（Besedes and Prusa，2006h；Hess and Persson，2010b；Esteve-Perez et al.，2011）[10,13,26]，我们预期其对出口持续时间有正向影响。

第二，企业出口目的地数目（*desnum*）。企业出口目的地数目反映了企业出口的市场多元化程度，出口结构多样化的企业在面临外部冲击时可以有更多的选择，从而分散了企业出口风险，降低了贸易关系的失败风险（Volpe & Carballo，2009；Esteve-Perez et al.，2011）[94,42]。多元化的企业可以从知识外溢中获益，因为这些企业可获得更多在海外市场出口的信息，来改善企业的出口绩效，从而延长了出口持续时间（Hess and Persson，2010b）[28]。因此，预期它们对出口持续时间的影响为正。

第三，企业规模（*size*）。企业规模大往往说明了企业拥有较强的产品生产能力，较多的从业人员数，较多的资产总额。相较于小规模的出口企业，这些企业往往拥有更好的发展前景和生产效率。凭借其较高的出口产品质量、便捷的出口渠道和高效率的人力资本，规模大的企业在进行出口中具有较大的竞争优势，同时较大的企业规模也会为企业树立较好资信，提高企业产品出口的持续时间。因此，企业规模越大，企业产品出口到境外市场的生存率越高（Esteve-Perez et al.，2011）[42]，我们预期其对出口持续时间有正向影响。

第四，企业生产率（*prod*）。在产品同质的情况下，企业的全要素生产率越高，其出口产品由要素投入带来的单位产品价格优势越大，使得这些企业出口的产品比海外其他同类产品有更高的产品竞争力，降低了产品退出境外市场的可能性，故企业生产率对贸易关系持续时间具有正向的影响（谢千里等，2003）[153]。埃斯特韦（Esteve，2007）[99]的研究表明企业生产率与出口持续时间正相关。企业生产率会提高企业在出口市场的竞争能力，进而提高企业出口生存率。我们预期企业生产率的提高可降低产品出口失败概率，系数结果大于0。

各变量的描述性统计如表6.2所示。

表6.2　　　　　　　　　　各变量的统计特征

变量	样本上	Mean	Std. Dev.	Min	Max
fail	1046151	0.258901	0.438031	0	1
quality	1046151	8.76082	1.258975	8.423832	8.857134
variety	1046151	1.86459	0.545451	0	2.995732
core	1046151	2.45646	0.684521	1	4
size	1046151	6.278839	9.009144	1	30
gdp	1046151	−27.0727	1.641153	−30.373	−20.6226
land	1046151	0.03893	0.193429	0	1
age	1046151	12.156613	9.890963	1	51
coutiguity	1046151	0.102397	0.30317	0	1
coml	1046151	0.169086	0.374828	0	1
disk	1046151	0.738746	0.400601	0.095565	1.929747
expv	1046151	−10.6378	2.211324	−22.0774	0
desnum	1046151	−27.3874	19.79056	−141	−1
prod	1046151	−4.78878	0.817436	−11.202	5.876021

资料来源：GDP来源于世界银行的WDI数据库；汇率来源于IMF；其他数据来自中国工业企业数据库和中国海关数据库。

6.4　计量结果

第 5 章基于卡普兰—迈尔生存曲线对影响因素做直观的初步判断，我国出口贸易关系持续时间比较短，其均值仅有 2 年左右，此外还发现生产高质量产品的企业往往出口生产率高，持续时间更长。对此，本章将基于离散时间生存分析模型，从全样本、分区域和分所有制 3 个方面进一步探讨出口产品质量如何影响出口持续时间，以研究不同样本间出口产品质量如何影响出口持续时间是否存在差异。

6.4.1　总体检验

本部分主要分析了总体样本上出口产品质量与出口持续时间的关系，为了确保估计结果的稳健性，我们采用依次加入控制变量的形式进行回归，由于发达经济体出口持续时间平方项的估计结果不显著，笔者在删除平方项的基础上进行再次回归。从表 6.3 的总体检验结果我们发现，基于 Probit 模型、Logit 模型和 Cloglog 模型的估计结果基本一致，所有回归的检验均在至少 1% 的显著性水平上拒绝了工具变量不足识别的原假设，且在系数预期符号和显著性水平上较为一致，这说明：首先前文的估计结果是稳健可靠的，所得结论可信度较高；其次解释变量对出口持续时间的影响，不受样本范围变化的影响，即各因素对出口持续时间长短、存活率和危险率的影响不受出口产品质量影响。对此，下文我们仅对 Probit 模型结果进行解释说明。

表 6.3　　　　　　　　　　　　　　　总体检验

变　量	Probit	Logit	Cloglog
quality	0.024 *** (0.001)	0.041 *** (0.001)	0.035 *** (0.001)
variety	0.009 *** (0.002)	0.012 *** (0.000)	0.011 *** (0.000)
core	0.011 *** (0.001)	0.015 *** (0.003)	0.021 *** (0.006)
gdp	0.080 *** (0.001)	0.140 *** (0.002)	0.120 *** (0.001)
land	0.076 *** (0.007)	0.122 *** (0.012)	0.092 *** (0.009)
coutiguity	0.012 ** (0.005)	0.019 ** (0.010)	0.013 (0.008)
coml	0.096 *** (0.005)	0.168 *** (0.008)	0.144 *** (0.007)
disk	0.055 *** (0.004)	0.093 *** (0.007)	0.081 *** (0.006)
desnum	0.007 *** (0.000)	0.013 *** (0.000)	0.011 *** (0.000)
size	0.019 *** (0.000)	0.033 *** (0.000)	0.028 *** (0.000)
prod	0.035 *** (0.002)	0.068 *** (0.003)	0.063 *** (0.003)
expv	0.101 *** (0.001)	0.174 *** (0.001)	0.143 *** (0.001)
constant	2.628 *** (0.028)	4.655 *** (0.049)	3.645 *** (0.041)
year	yes	yes	yes
region	yes	yes	yes
industry	yes	yes	yes
N	1046151	1046151	1046151

注：*、**、*** 分别表示参数的估计值在 10%、5%、1% 的统计水平上显著；括号内数值为 P 统计值；"yes" 表示对时间、区域与产业进行了控制，估计结果仍然给出的是系数的指数形式。

首先简要说明各个控制变量：①国家层面的因素对贸易关系持续时间的影响，所有变量都与预期是一致的且显著。出口目的国或地区经济规模（gdp）越大，对中国出口产品的潜在需求也越大，越有利于贸易关系的维持，降低贸易关系失败的危险率，这与理论预期及卡普兰—迈尔生存曲线的初步判断相一致。从回归结果来看，该变量的风险比率为 0.080，即目的国或地区经济规模提高 1 倍，出口贸易关系中断的概率将降低 8%。出口贸易如果出口目的国或地区为内陆国家或地区（$land$）会有较短的出口持续时间，由于成本较高导致贸易关系比出口至非内陆国家或地区中断的概率高 7.6%。出口到中国内地与其贸易伙伴接壤（$coutiguity$）和拥有共同语言（$coml$）的国家或地区，贸易成本相对较低，贸易关系中断的可能性也比较低，两者风险比率分别为 0.012 和 0.076，说明了接壤或有共同语言的贸易地间双方的贸易关系会持续更长时间。双边距离（$dist$）提高了贸易关系失败的危险率，这表明运输成本较高，在其他条件相同的情况，贸易关系中断的概率越高，即贸易距离的增加降低了贸易关系的持续时间。②从企业特征变量对贸易关系持续时间的估计结果上我们发现，企业与目的市场的初始贸易额（$expv$）越大，双方的贸易关系持续时间会较长。这主要在于如果贸易双方首次签订订单数额较大，既体现了双方之间的相互信任，也预示了双方保持长期合作的可能性较大。在当前，中国出口尤其要重视那些订单数额较大的潜在客户，争取与其建立贸易关系，对稳定出口增长具有重要意义。企业出口目的地数目（$desnum$）与贸易关系持续时间正相关，表明企业出口市场的多元化提高了贸易关系持续的时间。这与理论预期及卡普兰—迈尔生存曲线的初步判断也一致。企业生产率（$prod$）和企业规模（$size$）与出口持续时间正相关，比率分别为 0.035 和 0.019，说明规模较大和竞争力强的企业更能在国际市场上持续生存。以上实证结论与多数文献的结论是一致的。

本章重点考虑出口产品质量和产品种类对出口持续时间的影响。如表

6.3 所示，出口产品质量（*quality*）的估计结果显著为正，且通过了至少
1% 的显著性水平，这表明：企业产品出口质量越高，越有利于产品的出
口持续时间提升。导致上述现象出现的原因可能在于：出口厂商牢牢占据
技术含量和质量较高的"产品清单"，其借助持续出口获利的形式，不断
巩固自身的质量优势，进一步延长了产品的出口持续时间。该循环状态如
下：出口产品质量较高→出口持续能力提升→企业持续获利持续研发→出
口产品质量较高→出口持续能力提升。这一"高质稳进"的循环模式还能
帮助我国牢牢掌握着国际分工的主动权，使得自己长期处于国际分工价值
链的高端。为此，出口产品质量的提升将有助于企业出口并带来源源不断
的利润。产品种类（*variety*）的估计结果显著为正，且通过了至少 1% 的显
著性水平，这表明增加企业产品的种类可降低企业产品出口的失败概率，
从而延长出口持续时间。从模型核心变量即企业产品核心程度（*core*）变
量系数小于 1 可知，企业产品核心程度越高其出口失败概率越小，且随着
企业—产品核心程度提高一个层次，其出口失败概率降低 1.1%。因此，
多产品出口企业异质产品的出口持续时间存在显著差异，多产品出口企业
在调整出口产品组合时，首先会考虑放弃出口企业的边缘产品（核心程度
较低的产品），而最核心的少数产品被放弃出口的可能性较小。本书从企
业—产品出口动态角度完善了阿克洛基斯和穆恩德勒（Arkolakis and Muen-
dler，2010）[106] 与埃克尔等（Eckel et al.，2010）[107] 提出的企业核心产品
与非核心产品存在异质性的观点。

　　作为稳健性检验，表 6.4 分别给出了总体样本的每一贸易关系的首个
出口持续时间段（first spell）与只有一个持续时间段的贸易关系（one spell
only）样本的随机效应离散时间 Probit 模型、Logit 模型和 Cloglog 模型的估
计结果。估计结果仍然给出的是系数的指数形式，含义与表 6.3 相同。我
们发现，回归结果的符号和显著性都与表 6.3 基本一致。出口到经济规模
（*gdp*）大的国家或地区会降低贸易关系失败的危险率，如果出口目的国或

地区为内陆国家或地区（*land*），则会有较短的出口持续时间。如果与其贸易伙伴接壤（*coutiguity*）或有共同语言（*coml*），双方的贸易关系会持续更长时间。双边距离（*dist*）提高了贸易关系失败的危险率，这表明贸易距离的增加降低了贸易关系的持续时间。此外，国家（地区）风险变量（*disk*）与贸易关系的持续时间负相关，说明如果企业出口到较高风险的国家或地区，双方贸易更容易中断。从企业特征变量对贸易关系持续时间的估计结果上，我们发现，企业与目的市场的初始贸易额（*expv*）越大，双方的贸易关系持续时间会较长。企业出口目的国或地区数目（*desnum*）与贸易关系持续时间正相关，表明企业出口市场的多元化提高了贸易关系持续的时间。企业生产率（*prod*）对出口持续时间显著为正。另外，企业规模（*size*）与出口持续时间正相关，说明规模较大的企业更能在国际市场上持续生存。以上实证结论与多数文献的结论是一致的。最后，出口产品质量（*quality*）、产品种类（*variety*）和企业产品核心程度（*core*）的估计结果显著为正，且通过了至少1%的显著性水平，企业产品出口质量越高，越有利于产品的出口持续时间提升。综上所示，这表明前文的估计结果是稳健可靠的，所得结论可信度较高。

表6.4 　　　　　　　　　　**总体样本的稳健性检验**

变　量	first spell			one spell only		
	Probit	Logit	Cloglog	Probit	Logit	Cloglog
quality	0.026 *** (47.21)	0.046 *** (48.35)	0.041 *** (49.66)	0.026 *** (44.37)	0.047 *** (45.86)	0.042 *** (47.49)
variety	0.008 *** (45.22)	0.013 *** (45.03)	0.014 *** (48.02)	0.007 *** (26.20)	0.012 *** (35.22)	0.015 *** (45.58)
core	0.012 *** (23.23)	0.009 *** (8.55)	0.019 *** (9.52)	0.009 *** (11.23)	0.014 *** (15.23)	0.018 *** (15.23)
gdp	0.080 *** (85.15)	0.139 *** (86.16)	0.119 *** (88.15)	0.081 *** (83.63)	0.141 *** (84.61)	0.121 *** (86.54)

续表

变　量	first spell			one spell only		
	Probit	Logit	Cloglog	Probit	Logit	Cloglog
land	0. 077 *** (10. 83)	0. 125 *** (10. 39)	0. 096 *** (9. 82)	0. 079 *** (10. 66)	0. 128 *** (10. 24)	0. 098 *** (9. 63)
coutiguity	0. 014 ** (2. 60)	0. 024 * (2. 46)	0. 018 * (2. 14)	0. 012 * (2. 17)	0. 020 * (2. 01)	0. 014 (1. 67)
coml	0. 098 *** (−19. 99)	0. 172 *** (−20. 26)	0. 148 *** (−20. 41)	0. 098 *** (−19. 52)	0. 172 *** (−19. 77)	0. 149 *** (−19. 92)
disk	0. 054 *** (13. 28)	0. 092 *** (13. 10)	0. 080 *** (13. 35)	0. 057 *** (13. 57)	0. 097 *** (13. 38)	0. 084 *** (13. 63)
desnum	0. 007 *** (88. 73)	0. 013 *** (88. 71)	0. 011 *** (89. 34)	0. 008 *** (88. 48)	0. 013 *** (88. 62)	0. 012 *** (89. 45)
size	0. 019 *** (130. 71)	0. 033 *** (134. 18)	0. 028 *** (142. 81)	0. 019 *** (126. 26)	0. 033 *** (129. 77)	0. 027 *** (137. 92)
prod	0. 032 *** (17. 73)	0. 063 *** (20. 04)	0. 058 *** (21. 67)	0. 031 *** (16. 74)	0. 062 *** (19. 05)	0. 058 *** (20. 71)
expv	0. 103 *** (132. 12)	0. 178 *** (131. 86)	0. 149 *** (134. 14)	0. 103 *** (128. 81)	0. 179 *** (128. 79)	0. 151 *** (131. 22)
_cons	2. 630 *** (91. 23)	4. 664 *** (93. 50)	3. 653 *** (87. 46)	2. 650 *** (89. 74)	4. 715 *** (92. 08)	3. 719 *** (86. 38)
year	yes	yes	yes	yes	yes	yes
region	yes	yes	yes	yes	yes	yes
industry	yes	yes	yes	yes	yes	yes
N	1019153	1019153	1019153	977553	977553	977553

注：*、**、***分别表示参数的估计值在 10%、5%、1% 的统计水平上显著；括号内数值为 t 统计值；"yes"表示对时间、区域与产业进行了控制，估计结果给出的是系数的指数形式。

6. 4. 2　分东部、中部、西部检验

表 6. 5 分别给出了随机效应离散时间 Probit 模型、Logit 模型和 Cloglog

模型估计的计量结果，可以看出，控制变量对企业出口持续时间的影响存在显著的区域差异。以 Probit 模型为例，出口到经济规模（gdp）大的国家或地区均降低各个地区企业的贸易关系失败的危险率，东部、中部、西部的风险比率分别为 0.080、0.078 和 0.065，说明了东部地区出口到经济规模大的国家（地区）的产品出口持续时间将更长。出口目的市场如果为内陆国或地区（$land$），则出口持续时间会降低。而对中部和西部地区来说，这一因素似乎不起作用，这与西部地区本身处于内陆地区有关，其出口目的市场主要为内陆国（地区）。与贸易伙伴有共同语言（$coml$），双方的贸易关系会持续更长时间，东部、中部、西部的风险比率分别为 0.097、0.090 和 0.045，对东部地区的影响程度大于中西部地区。在东部地区与其贸易伙伴接壤（$coutiguity$）对出口持续时间的影响为正，而对中西部地区的影响却不显著。此外，企业与目的市场的初始贸易额（$expv$）会降低各个类型企业的贸易关系失败的危险率。每提高 1% 的出口目的地经济规模，将降低东部地区 10% 的失败危险率，远高于中西部地区。企业出口目的地数目（$desnum$）与贸易关系持续时间正相关，表明企业出口市场的多元化提高了贸易关系持续的时间，对于东部、中部、西部地区之间差异较小。地区差异表现最明显的为企业规模（$size$）和企业生产率（$prod$）越大的企业出口持续时间越长，中西部地区该影响尤为突出。我们在上文指出，老企业因为有更多的市场选择，可能造成其在单一市场的出口时间较短。而在西部地区，成立时间长的企业凭借其丰富的市场经验和生产率，出口持续时间显著较长。

表 6.5 　　　　　　　　　　　　　　基于不同地区的检验

变量	东部地区			中部地区			西部地区		
	Probit	Logit	Cloglog	Probit	Logit	Cloglog	Probit	Logit	Cloglog
quality	0.024 *** (45.29)	0.042 *** (45.59)	0.035 *** (45.13)	0.019 *** (9.47)	0.034 *** (9.70)	0.029 *** (9.92)	0.017 *** (8.76)	0.0287 *** (9.07)	0.022 *** (9.25)
variety	0.015 *** (32.01)	0.018 *** (15.20)	0.017 *** (25.02)	0.009 *** (15.12)	0.011 *** (17.56)	0.008 *** (15.23)	0.005 *** (15.22)	0.007 *** (9.02)	0.008 *** (5.26)

续表

变量	东部地区			中部地区			西部地区		
	Probit	Logit	Cloglog	Probit	Logit	Cloglog	Probit	Logit	Cloglog
core	0.025 ***	0.026 ***	0.028 ***	0.012 ***	0.014 ***	0.019 ***	0.005 ***	0.010 ***	0.013 ***
	(23.52)	(18.28)	(12.50)	(7.23)	(8.26)	(6.10)	(15.45)	(7.28)	(25.06)
gdp	0.080 ***	0.140 ***	0.120 ***	0.078 ***	0.132 ***	0.110 ***	0.065 ***	0.112 ***	0.095 ***
	(83.35)	(84.58)	(87.23)	(19.81)	(19.97)	(20.63)	(10.18)	(10.32)	(10.62)
land	0.080 ***	0.129 ***	0.098 ***	0.061	0.092	0.065	−0.047	−0.085	−0.078
	(11.17)	(10.73)	(10.07)	(1.77)	(1.62)	(1.45)	(−0.90)	(−0.96)	(−1.07)
coutiguity	0.012 *	0.019	0.013	0.024	0.042	0.032	−0.003	−0.011	−0.019
	(2.11)	(1.92)	(1.56)	(1.05)	(1.09)	(1.02)	(−0.10)	(−0.19)	(−0.40)
coml	0.097 ***	0.170 ***	0.147 ***	0.090 ***	0.154 ***	0.130 ***	0.045	0.076	−0.062
	(−19.31)	(−19.56)	(−19.77)	(−4.40)	(−4.49)	(−4.58)	(−1.50)	(−1.49)	(−1.48)
disk	0.055 ***	0.093 ***	0.081 ***	0.037 *	0.066 *	0.059 *	0.086 **	0.145 **	0.116 **
	(13.11)	(12.98)	(13.37)	(2.13)	(2.24)	(2.46)	(3.07)	(3.05)	(2.95)
desnum	0.007 ***	0.012 ***	0.011 ***	0.007 ***	0.012 ***	0.010 ***	0.008 ***	0.015 ***	0.013 ***
	(84.29)	(83.93)	(83.85)	(16.43)	(16.85)	(17.54)	(12.55)	(12.70)	(12.91)
size	0.020 ***	0.033 ***	0.028 ***	0.019 ***	0.031 ***	0.025 ***	0.019 ***	0.031 ***	0.026 ***
	(129.86)	(133.30)	(142.08)	(27.55)	(28.01)	(29.99)	(16.57)	(16.84)	(17.99)
prod	0.025 ***	0.052 ***	0.050 ***	0.106 ***	0.187 ***	0.163 ***	0.121 ***	0.215 ***	0.188 ***
	(13.62)	(16.00)	(18.05)	(13.96)	(14.42)	(15.15)	(10.16)	(10.47)	(10.79)
expv	0.102 ***	0.176 ***	0.146 ***	0.088 ***	0.148 ***	0.119 ***	0.096 ***	0.162 ***	0.133 ***
	(130.09)	(129.45)	(130.93)	(27.22)	(27.17)	(27.74)	(20.15)	(20.00)	(20.35)
_cons	2.578 ***	4.580 ***	3.589 ***	2.920 ***	5.003 ***	3.830 ***	2.662 ***	4.645 ***	3.597 ***
	(87.29)	(89.63)	(84.07)	(24.04)	(24.42)	(23.13)	(13.62)	(13.95)	(13.19)
year	yes	yes	yes	yes	yes	yes	yes	yes	yes
region	yes	yes	yes	yes	yes	yes	yes	yes	yes
industry	yes	yes	yes	yes	yes	yes	yes	yes	yes
N	976609	976609	976609	49028	49028	49028	20514	20514	20514

注：*、**、*** 分别表示参数的估计值在 10%、5%、1% 的统计水平上显著；括号内数值为 t 统计值；"yes" 表示对时间、区域与产业进行了控制，估计结果给出的是系数的指数形式。

　　尤其值得注意的是以 Probit 模型为例，产品种类（*variety*）均降低各个地区企业的贸易关系失败的危险率，东部、中部、西部的风险比率分别为 0.015、0.009 和 0.005，说明了东部地区企业产品多样化更易使产品出口持续时间更长。此外，东部地区企业产品核心程度（*core*）的系数显著为 0.025，明显地分别优于中部和西部地区企业产品核心程度（*core*）的 0.012 和 0.005。这说明了出口企业异质产品的出口持续时间存在显著地区间差异。东部地区企业产品质量（*quality*）系数显著为 0.024，明显地分别优于中部和西部地区企业产品质量（*quality*）的 0.019 和 0.017。这说明了出口产品质量能不同程度下促进东中西部地区企业的出口持续时间，东部的出口持续时间更易受到产品质量的提高的影响，导致上述现象出现的原因可能在于：东部地区往往较为发达且竞争激烈，占据技术含量和质量较高的"产品清单"，其借助持续出口获利的形式，不断巩固自身的质量优势，更容易促进出口持续时间的提升，加强了"高质稳进"的循环模式。中部、西部地区企业易将该产品持续出口作为当前处于质量阶梯高端产品研发的"资金来源"，减少了该产品质量改进型研发和投资，不利于该出口产品质量的进一步提升，最终影响了产品持续出口，削弱了"高质稳进"的循环模式。

　　由于篇幅的限制，接下来分区域和分所有制的稳健性检验均只选择每一贸易关系的首个出口持续时间段（first spell）的随机效应离散时间 Probit、Logit 和 Cloglog 模型的估计结果。正如表 6.6 所示，其估计结果仍然给出的是系数的指数形式，且含义与表 6.5 相同。我们发现，回归系数（*gdp*、*land*、*coutiguity*、*coml*、*disk*、*desnum*、*size* 和 *expv* 等）的正负号和显著性都与表 6.5 基本一致，这表明结论可信度较高；主要解释变量出口产品质量（*quality*）、产品种类（*variety*）和企业产品核心程度（*core*）对出口持续时间的影响，不受样本范围变化的影响，即各因素对出口持续时间的影响基本不受区域差异的影响。故分地区样本的实证估计结果是稳健可靠的。

表 6.6　　　　　　　　　　　分区域的稳健性检验

变量	东部地区			中部地区			西部地区		
	Probit	Logit	Cloglog	Probit	Logit	Cloglog	Probit	Logit	Cloglog
quality	0.026 ***	0.047 ***	0.042 ***	0.021 ***	0.037 ***	0.033 ***	0.016 ***	0.028 ***	0.022 ***
	(45.95)	(47.04)	(48.33)	(9.83)	(10.14)	(10.62)	(8.19)	(8.55)	(8.78)
variety	0.016 ***	0.019 ***	0.023 ***	0.0 34 ***	0.012 ***	0.003 ***	0.004 ***	0.003 ***	0.003 ***
	(25.10)	(35.14)	(53.02)	(28.87)	(27.89)	(24.79)	(34.78)	(34.21)	(25.23)
core	0.023 ***	0.028 ***	0.034 ***	0.022 ***	0.009 ***	0.019 ***	0.003 ***	0.008 ***	0.011 ***
	(45.23)	(46.38)	(34.25)	(21.14)	(25.32)	(25.14)	(24.25)	(25.33)	(20.71)
gdp	0.080 ***	0.139 ***	0.119 ***	0.079 ***	0.134 ***	0.111 ***	0.065 ***	0.112 ***	0.094 ***
	(81.53)	(82.54)	(84.42)	(19.72)	(19.87)	(20.50)	(10.08)	(10.20)	(10.40)
land	0.082 ***	0.132 ***	0.102 ***	0.057	0.085	0.058	−0.050	−0.091	−0.083
	(11.10)	(10.68)	(10.14)	(1.62)	(1.46)	(1.27)	(−0.94)	(−1.01)	(−1.11)
coutiguity	0.015 *	0.024 *	0.019 *	0.020	0.035	0.027	−0.003	−0.011	−0.017
	(2.54)	(2.40)	(2.13)	(0.87)	(0.90)	(0.84)	(−0.10)	(−0.19)	(−0.36)
coml	0.099 ***	0.174 ***	0.150 ***	0.092 ***	0.160 ***	0.138 ***	0.043	0.073	0.060
	(−19.36)	(−19.60)	(−19.73)	(−4.48)	(−4.59)	(−4.79)	(−1.43)	(−1.42)	(−1.41)
disk	0.055 ***	0.093 ***	0.080 ***	0.033	0.058 *	0.051 *	0.094 ***	0.159 **	0.131 **
	(12.87)	(12.67)	(12.91)	(1.88)	(1.96)	(2.07)	(3.30)	(3.29)	(3.26)
desnum	0.007 ***	0.013 ***	0.011 ***	0.007 ***	0.012 ***	0.011 ***	0.008 ***	0.015 ***	0.013 ***
	(84.77)	(84.66)	(85.15)	(16.36)	(16.82)	(17.59)	(12.48)	(12.66)	(12.94)
size	0.019 ***	0.033 ***	0.028 ***	0.019 ***	0.031 ***	0.025 ***	0.019 ***	0.031 ***	0.026 ***
	(127.03)	(130.47)	(138.81)	(27.04)	(27.51)	(29.44)	(16.40)	(16.68)	(17.75)
prod	0.022 ***	0.046 ***	0.044 ***	0.103 ***	0.180 ***	0.157 ***	0.122 ***	0.218 ***	0.192 ***
	(11.85)	(14.08)	(15.60)	(13.30)	(13.73)	(14.35)	(10.24)	(10.53)	(10.88)
expv	0.104 ***	0.180 ***	0.151 ***	0.090 ***	0.153 ***	0.125 ***	0.094 ***	0.160 ***	0.133 ***
	(128.19)	(127.93)	(130.14)	(27.06)	(27.09)	(27.85)	(19.42)	(19.32)	(19.67)
_cons	2.577 ***	4.581 ***	3.589 ***	2.954 ***	5.067 ***	3.901 ***	2.655 ***	4.637 ***	3.593 ***
	(85.78)	(87.98)	(82.11)	(24.03)	(24.41)	(23.20)	(13.46)	(13.78)	(12.99)

续表

变量	东部地区			中部地区			西部地区		
	Probit	Logit	Cloglog	Probit	Logit	Cloglog	Probit	Logit	Cloglog
year	yes	yes	yes	yes	yes	yes	yes	yes	yes
region	yes	yes	yes	yes	yes	yes	yes	yes	yes
industry	yes	yes	yes	yes	yes	yes	yes	yes	yes
N	950960	950960	950960	47999	47999	47999	20194	20194	20194

注：*、**、*** 分别表示参数的估计值在 10%、5%、1% 的统计水平上显著；括号内数值为 t 统计值；"yes" 表示对时间、区域与产业进行了控制，估计结果给出的是系数的指数形式。

6.4.3 分所有制检验

表 6.7 和表 6.8 列出了不同所有制企业的随机效应离散时间 Probit 模型、Logit 模型和 Cloglog 模型估计的计量结果，可以看出，企业所有制不同，出口持续时间的决定因素也存在差异。以 Probit 模型为例，出口到经济规模（*gdp*）大的国家或地区会降低各个类型企业的贸易关系失败的危险率。每提高一倍的出口目的地经济规模，将分别降低集体企业和国有企业 8.6% 和 8.2% 的失败危险率，略高于私营企业和外资企业。说明了国有企业和集体企业更倾向于出口安全稳定的经济大国（地区），而私营企业和外资企业出口则更多元化，也会出口产品至经济相对落后国家，无惧危险，以追求更高额的利润。各种类型企业与其贸易伙伴有共同语言（*coml*），双方的贸易关系会持续更长时间，在此方面外资企业则更具有优势。国有企业和集体企业的生产率（*prod*）的风险比率分别为 0.129 和 0.091，远高于私营企业和外资企业。此外，国有企业和外资企业的生产率与企业出口持续时间显著正相关，私营企业的生产率与企业出口持续时间却呈负相关，而对集体企业，生产率对出口持续时间没有显著影响。接壤（*coutiguitzy*）对外资企业和私营企业和的出口持续时间有显著的正效应，

而对国有企业和集体企业的影响却不显著。此外，共同语言（*coml*）对外资企业和私营企业和的出口持续时间有显著的正效应，而对国有企业和集体企业的影响却为负。这说明了外资企业和私营企业更擅长发挥共同语言公关优势，加强企业双方的交流合作，提高出口产品持续时间。企业规模（*size*）对四个类型的企业都有显著的正效应，不过对私营企业的影响偏小，这说明了私营企业规模较小的劣势更容易通过其他优势（比如企业文化、活力和技术等）来予以弥补。

表 6.7　　　　基于不同所有制（国有企业和外资企业）的检验

变　量	国有企业			外资企业		
	Probit	Logit	Cloglog	Probit	Logit	Cloglog
quality	0. 016 ***	0. 030 ***	0. 024 ***	0. 020 ***	0. 036 ***	0. 030 ***
	(9. 18)	(9. 93)	(10. 30)	(22. 26)	(22. 88)	(22. 93)
variety	0. 012 ***	0. 015 ***	0. 031 ***	0. 057 ***	0. 074 ***	0. 041 ***
	(27. 20)	(12. 23)	(47. 53)	(10. 43)	(75. 56)	(53. 24)
core	0. 024 ***	0. 024 ***	0. 017 ***	0. 045 **	0. 086 ***	0. 081 ***
	(10. 24)	(25. 35)	(86. 53)	(11. 23)	(100. 24)	(123. 23)
gdp	0. 082 ***	0. 136 ***	0. 108 ***	0. 083 ***	0. 146 ***	0. 126 ***
	(21. 46)	(21. 60)	(22. 39)	(46. 69)	(47. 58)	(49. 28)
land	0. 107 ***	0. 169 ***	0. 121 **	0. 081 ***	0. 130 ***	0. 096 ***
	(3. 47)	(3. 34)	(3. 22)	(6. 55)	(6. 19)	(5. 61)
coutiguity	0. 007	0. 008	− 0. 002	0. 040 ***	0. 069 ***	0. 057 ***
	(0. 31)	(0. 22)	(− 0. 06)	(3. 96)	(3. 92)	(3. 75)
coml	0. 157 ***	0. 263 ***	0. 210 ***	0. 227 ***	0. 224 ***	0. 190 ***
	(− 8. 19)	(− 8. 24)	(− 8. 29)	(− 14. 61)	(− 14. 80)	(− 14. 67)
disk	0. 080 ***	0. 135 ***	0. 113 ***	0. 088 ***	0. 153 ***	0. 133 ***
	(4. 74)	(4. 87)	(5. 24)	(11. 92)	(11. 90)	(12. 22)
desnum	0. 008 ***	0. 014 ***	0. 012 ***	0. 008 ***	0. 015 ***	0. 013 ***
	(23. 63)	(23. 90)	(24. 55)	(53. 69)	(53. 36)	(53. 16)

续表

变　量	国有企业			外资企业		
	Probit	Logit	Cloglog	Probit	Logit	Cloglog
size	0.014 ***	0.022 ***	0.017 ***	0.020 ***	0.033 ***	0.028 ***
	(20.09)	(20.05)	(20.89)	(74.43)	(76.59)	(81.63)
prod	0.129 ***	0.221 ***	0.186 ***	0.010 ***	0.027 ***	0.028 ***
	(18.55)	(18.89)	(19.95)	(3.35)	(5.07)	(6.25)
expv	0.093 ***	0.156 ***	0.120 ***	0.104 ***	0.180 ***	0.150 ***
	(32.10)	(32.06)	(32.67)	(79.72)	(79.46)	(80.70)
_cons	3.402 ***	5.743 ***	4.204 ***	2.581 ***	4.637 ***	3.654 ***
	(29.34)	(29.65)	(28.33)	(47.89)	(49.56)	(46.76)
year	yes	yes	yes	yes	yes	yes
region	yes	yes	yes	yes	yes	yes
industry	yes	yes	yes	yes	yes	yes
N	1019153	1019153	1019153	977553	977553	977553

注：*、**、***分别表示参数的估计值在10%、5%、1%的统计水平上显著；括号内数值为 t 统计值；"yes"表示对时间、区域与产业进行了控制，估计结果给出的是系数的指数形式。

表6.8　　　　　基于不同所有制（集体企业和私营企业）的检验

变　量	集体企业			私营企业		
	Probit	Logit	Cloglog	Probit	Logit	Cloglog
quality	0.018 ***	0.047 ***	0.037 ***	0.026 ***	0.046 ***	0.038 ***
	(13.54)	(13.60)	(13.63)	(39.32)	(39.17)	(38.65)
variety	0.006 ***	0.012 ***	0.007 ***	0.045 ***	0.035 ***	0.032 ***
	(21.10)	(35.14)	(53.02)	(28.87)	(23.42)	(25.49)
core	0.012 ***	0.023 ***	0.045 ***	0.086 ***	0.070 ***	0.081 ***
	(40.23)	(43.38)	(34.31)	(21.27)	(25.28)	(25.43)
gdp	0.086 ***	0.145 ***	0.117 ***	0.076 ***	0.133 ***	0.114 ***
	(23.98)	(24.15)	(25.18)	(65.31)	(66.22)	(68.01)
land	0.099 ***	0.157 ***	0.110 **	0.074 ***	0.119 ***	0.093 ***
	(3.48)	(3.35)	(3.16)	(8.26)	(7.96)	(7.56)

续表

变 量	集体企业			私营企业		
	Probit	Logit	Cloglog	Probit	Logit	Cloglog
coutiguity	0.034 (1.57)	0.055 (1.51)	0.039 (1.36)	-0.006 (-0.82)	-0.013 (-1.03)	-0.015 (-1.39)
coml	0.133*** (-7.01)	0.225*** (-7.10)	0.181*** (-7.17)	0.072*** (-11.60)	0.127*** (-11.73)	0.110*** (-11.93)
disk	0.110*** (6.96)	0.181*** (6.92)	0.141*** (6.92)	0.036*** (7.05)	0.061*** (6.91)	0.054*** (7.10)
desnum	0.008*** (23.88)	0.013*** (24.06)	0.011*** (24.57)	0.007*** (65.25)	0.012*** (64.76)	0.010*** (64.57)
size	0.014*** (29.95)	0.023*** (30.27)	0.019*** (31.66)	0.019*** (100.91)	0.033*** (103.74)	0.028*** (110.74)
prod	0.091*** (12.81)	0.156*** (13.12)	0.129*** (13.62)	0.026*** (11.00)	0.053*** (12.70)	0.050*** (14.21)
expv	0.113*** (37.00)	0.189*** (36.75)	0.145*** (37.42)	0.100*** (100.58)	0.172*** (99.86)	0.143*** (100.67)
_cons	3.396*** (30.60)	5.742*** (30.85)	4.212*** (29.25)	2.440*** (67.86)	4.333*** (69.55)	3.396*** (64.70)
year	yes	yes	yes	yes	yes	yes
region	yes	yes	yes	yes	yes	yes
industry	yes	yes	yes	yes	yes	yes
N	59061	59061	59061	651943	651943	651943

注：*、**、***分别表示参数的估计值在 10%、5%、1%的统计水平上显著；括号内数值为 t 统计值；"yes"表示对时间、区域与产业进行了控制，估计结果给出的是系数的指数形式。

尤其值得注意的是，企业所有制不同，出口产品质量对企业出口持续时间的促进强度迥异。以 Probit 模型为例，国有企业和集体企业的产品质量（*quality*）系数分别为 0.016 和 0.018，分别明显小于外资企业和私营企业产品质量（*quality*）的 0.020 和 0.026。导致上述现象出现的原因可能在于：其一，外资企业与境外合作伙伴具有较稳定的出口关系，且外资企业具有更丰富的出口经验，掌握更多国内外消费者信息，更易于发挥优势，宣传出口产品的高质量，有利于持续出口。其二，私营企业规模相对较小，面临较大的生存压力，出口产品的技术含量和质量不断提高，其借助持续出口获利的形式，不断巩固自身的质量优势，更容易促进出口持续时间的提升，加强了"高质稳进"的循环模式。产品种类（variety）均降低了各类企业的贸易关系失败的危险率，国有企业、集体企业、外资企业和私营企业的风险比率分别为0.012、0.006、0.057和0.045，说明了外资企业和私营企业更具活力，其企业产品多样化更易使产品出口持续时间更长。同样国有企业和集体企业的企业产品核心程度（core）系数分别为0.024和0.012，明显小于外资企业和私营企业产品质量（quality）的0.045和0.086。说明了企业核心产品随着核心程度的进一步提高，其出口失败概率下降得更快，私营企业和外资企业更容易通过调整其出口产品组合来实现企业内的资源优化配置，从而得以提高企业的效率。

同样由于篇幅的限制，分所有制的稳健性检验均只选择每一贸易关系的首个出口持续时间段（first spell）的随机效应离散时间 Probit、Logit 和 Cloglog 模型的估计结果。表6.9 和表6.10 的估计结果仍然给出的是系数的指数形式，且含义与表6.7 和表6.8 相同。我们发现，回归结果的符号和显著性都与表6.7 和表6.8 基本一致，这表明估计系数（quality、variety、core、gdp、land、coutiguity、coml、disk、desnum、size 和 expv 等）的结果是稳健的。

表6.9　　分所有制企业（国有企业和外资企业）的稳健性检验

变　量	国有企业			外资企业		
	Probit	Logit	Cloglog	Probit	Logit	Cloglog
quality	0.016 *** (8.65)	0.030 *** (9.49)	0.026 *** (10.21)	0.023 *** (23.04)	0.043 *** (24.40)	0.039 *** (25.83)
variety	0.012 *** (24.10)	0.004 *** (27.21)	0.008 *** (10.75)	0.056 *** (83.56)	0.078 *** (45.76)	0.063 *** (47.53)
core	0.032 *** (45.73)	0.018 *** (10.28)	0.034 *** (14.23)	0.067 *** (78.56)	0.039 *** (7448)	0.036 *** (46.37)

续表

变　量	国有企业			外资企业		
	Probit	Logit	Cloglog	Probit	Logit	Cloglog
gdp	0.082 *** (21.04)	0.137 *** (21.14)	0.108 *** (21.71)	0.082 *** (45.26)	0.144 *** (45.90)	0.123 *** (46.94)
land	0.115 *** (3.62)	0.183 *** (3.49)	0.140 *** (3.61)	0.087 *** (6.77)	0.140 *** (6.45)	0.108 *** (6.05)
coutiguity	0.007 (0.33)	0.010 (0.26)	−0.002 (−0.06)	0.043 *** (4.17)	0.075 *** (4.17)	0.063 *** (4.01)
coml	−0.162 *** (−8.29)	−0.272 *** (−8.36)	−0.218 *** (−8.42)	−0.130 *** (−14.69)	−0.231 *** (−14.89)	−0.196 *** (−14.69)
disk	0.078 *** (4.56)	0.132 *** (4.67)	0.109 *** (4.94)	0.088 *** (11.65)	0.151 *** (11.54)	0.131 *** (11.77)
desnum	0.008 *** (23.18)	0.014 *** (23.50)	0.012 *** (24.25)	0.009 *** (53.58)	0.016 *** (53.45)	0.014 *** (53.66)
size	0.014 *** (19.68)	0.022 *** (19.64)	0.017 *** (20.50)	0.019 *** (72.04)	0.033 *** (74.15)	0.028 *** (78.80)
prod	0.125 *** (17.73)	0.216 *** (18.04)	0.181 *** (18.99)	0.007 * (2.36)	0.022 *** (3.96)	0.023 *** (4.87)
expv	0.094 *** (30.82)	0.158 *** (30.93)	0.124 *** (31.80)	0.106 *** (78.55)	0.186 *** (78.60)	0.157 *** (80.47)
_cons	3.398 *** (28.76)	5.740 *** (29.06)	4.216 *** (27.75)	2.579 *** (46.79)	4.633 *** (48.29)	3.638 *** (45.14)
year	yes	yes	yes	yes	yes	yes
region	yes	yes	yes	yes	yes	yes
industry	yes	yes	yes	yes	yes	yes
N	47519	47519	47519	308184	308184	308184

注：*、**、***分别表示参数的估计值在10%、5%、1%的统计水平上显著；括号内数值为 t 统计值；"yes"表示对时间、区域与产业进行了控制，估计结果给出的是系数的指数形式。

表 6.10 分所有制企业（集体企业和私营企业）的稳健性检验

变 量	集体企业			私营企业		
	Probit	Logit	Cloglog	Probit	Logit	Cloglog
quality	0.012 ***	0.055 ***	0.046 ***	0.028 ***	0.050 ***	0.044 ***
	(14.65)	(14.84)	(15.44)	(39.41)	(39.70)	(40.27)
variety	0.015 ***	0.013 ***	0.013 ***	0.086 ***	0.078 ***	0.077 ***
	(35.21)	(47.12)	(47.23)	(23.14)	(12.27)	(14.79)
core	0.018 ***	0.008 ***	0.017 ***	0.075 ***	0.086 ***	0.096 ***
	(23.34)	(12.13)	(24.14)	(54.23)	(14.56)	(47.56)
gdp	0.085 ***	0.143 ***	0.114 ***	0.076 ***	0.133 ***	0.114 ***
	(23.32)	(23.47)	(24.13)	(64.37)	(65.19)	(66.61)
land	0.098 ***	0.156 **	0.108 **	0.073 ***	0.118 ***	0.092 ***
	(3.38)	(3.25)	(3.03)	(7.95)	(7.65)	(7.26)
coutiguity	0.032	0.052	0.038	−0.004	−0.009	−0.011
	(1.47)	(1.42)	(1.31)	(−0.55)	(−0.73)	(−1.01)
coml	−0.129 ***	−0.219 ***	−0.177 ***	−0.074 ***	−0.130 ***	−0.114 ***
	(−6.69)	(−6.78)	(−6.85)	(−11.71)	(−11.83)	(−12.04)
disk	0.116 ***	0.191 ***	0.150 ***	0.036 ***	0.061 ***	0.052 ***
	(7.22)	(7.17)	(7.23)	(6.90)	(6.73)	(6.79)
desnum	0.008 ***	0.014 ***	0.012 ***	0.007 ***	0.012 ***	0.011 ***
	(24.36)	(24.58)	(25.18)	(65.76)	(65.41)	(65.62)
size	0.014 ***	0.023 ***	0.019 ***	0.019 ***	0.033 ***	0.028 ***
	(29.56)	(29.90)	(31.22)	(99.05)	(101.90)	(108.63)
prod	0.089 ***	0.154 ***	0.127 ***	0.023 ***	0.048 ***	0.045 ***
	(12.43)	(12.75)	(13.12)	(9.74)	(11.34)	(12.48)
expv	0.114 ***	0.191 ***	0.148 ***	0.102 ***	0.176 ***	0.148 ***
	(36.03)	(35.84)	(36.53)	(99.35)	(98.89)	(100.18)
_cons	3.363 ***	5.690 ***	4.149 ***	2.447 ***	4.352 ***	3.418 ***
	(29.89)	(30.11)	(28.28)	(67.12)	(68.77)	(63.88)
year	yes	yes	yes	yes	yes	yes

续表

变　量	集体企业			私营企业		
	Probit	Logit	Cloglog	Probit	Logit	Cloglog
region	yes	yes	yes	yes	yes	yes
industry	yes	yes	yes	yes	yes	yes
N	57604	57604	57604	637354	637354	637354

注：*、**、*** 分别表示参数的估计值在 10%、5%、1% 的统计水平上显著；括号内数值为 t 统计值；"yes" 表示对时间、区域与产业进行了控制，估计结果给出的是系数的指数形式。

6.5　小结

本章基于离散时间生存分析模型，从全样本、分区域和分所有制三个方面实证检验产品异质性（产品出口质量、产品种类和核心程度）如何影响出口持续时间，结果发现：①全样本上，企业产品出口质量越高，越有利于产品的出口持续时间提升。企业通过不断巩固自身的质量优势，占据技术含量和质量较高的"产品清单"，有助于持续获得出口红利。另外，增加企业产品的种类和提高企业产品核心程度均可降低企业产品出口的失败概率，从而延长出口持续时间。②分区域上，出口产品质量能不同程度促进东部、中部、西部地区企业的出口持续时间，东部地区企业的出口持续时间更易受到产品质量的提高的影响。相较于中部、西部地区，东部地区往往较为发达且竞争激烈，占据技术含量和质量较高的"产品清单"，其借助持续出口获利的形式，不断巩固自身的质量优势，更容易促进出口持续时间的提升，加强了"高质稳进"的循环模式。产品种类均降低各个地区企业的贸易关系失败的危险率，东部地区企业产品多样化更易使产品出口持续时间更长。此外，出口企业异质产品的出口持续时间存在显著地区间差异，东部地区企业产品核心程度更有利于出口持续时间的提高。

③分所有制上，企业所有制不同，出口产品质量对企业出口持续时间的促进强度迥异。相较于国有企业和集体企业，外资企业和私营企业的出口持续时间更易受到产品质量的提高的影响。另外，增加企业产品的种类和提高企业产品核心程度均可降低各种所有制企业产品出口的失败概率，其中私营企业和外资企业更具活力，其企业产品多样化和高核心程度更易使产品出口持续时间更长。

本章的政策含义主要在于：降低企业—产品的出口失败概率从而延长其出口持续时间是实现出口贸易稳定增长的又一重要机制。陈勇兵等（2012）[1]指出政府要合理制定贸易政策以促进企业贸易关系的持续发展。但在多产品出口企业框架下，企业在面临外生冲击时会通过调整出口产品组合等"进攻性策略"加以应对（钱学锋等，2013）[154]。忽视企业内产品异质性而笼统地提出促进企业贸易关系持续发展的政策建议值得商榷。立足于本研究，可有如下政策建议：企业内不同产品间存在的"蚕食效应"与企业灵活的生产方式（Eckel and Neary，2010）[107]使得企业可通过调整其出口产品组合来实现企业内的资源优化配置（Choi and Gopinath，2013）[155]，从而得以提高企业的效率。政府应合理制定贸易政策以促进企业内"可持续"贸易关系的持续发展，实现企业内资源乃至社会资源的更优配置。提高企业出口产品质量可以促进出口贸易关系的持续时间，将持续给企业带来出口红利。如果一种产品在进口国市场上持续的时间越长，那么就能得到越多的出口学习效应，即出口企业在国际市场上学到更多的知识，如更高的技术、对消费者偏好和竞争性产品的了解等，进而降低产品进入一个新市场的成本，使得产品进入新市场的可能性大大地增加。多产品出口企业异质产品的出口行为存在差异，企业核心产品的出口持续时间显著长于其边缘产品。因此，企业可通过调整出口产品组合来应对外生环境变动以实现企业资源的更优配置，政府应合理制定贸易政策以促进企业内"可持续"贸易关系的持续发展。

第 7 章
结论与政策建议

7.1 基本结论

改革开放 40 年以来，中国早已确立贸易大国的地位，扮演着"世界工厂"的角色。然而自 2008 年全球金融危机以后，国内劳动力成本不断上升，外需市场亦萎靡不振，长期以来所依赖的"人口红利"即将耗尽。在全世界都急于走出危机的背景下，以美国、德国为代表的先进国家表现抢眼，率先走出危机，并提出重塑制造业竞争力的口号。另外，以印度、墨西哥等为代表的新兴市场国家也利用资源与成本优势抢占国际市场，中国的制造业出口贸易面临着双重夹逼，形势不容乐观。现有研究大都以中国自身为研究对象，缺乏国际视野和跨国的比较研究，使得对于贸易格局的认识和理解略有偏颇。同时，贸易格局和形式的演变不仅体现在总量缩减方面，也反映为增量波动方面。现有文献相当部分是从总量的视角研究相关贸易问题，而本书则主要从微观数据入手，从贸易关系的动态变化为出发点，首先从理论层面上阐释了传统贸易中难以解释的"零点"问题，从逻辑上厘清了导致贸易关系出现断点的因素。其次，本书在全球视角下，研究并比较了全球主要制造业出口大国贸易持续时间的特征及相关影响因素；然后从中国总体、分区域、分所有制、分出口目的地、分出口产品质量、分产品核心程度和分经济类型的 7 个层面描述了中国制造业企业出口持续时间的各个分布特征。最后，利用二元离散模型实证检验企业产品异质性对制造业企业出口持续时间的影响。

本书研究发现：

（1）从世界主要制造业大国出口贸易持续时间而言，总体上中国已经与美国、日本、德国等发达的制造业国家在维持制造业出口贸易关系的能力方面不相上下。然而从制造业产品出口的生存函数形态或者各个时间区间生存率的累积大小等方面考察，情况出现了显著的不同。具体而言，中国制造业出口生存函数在较短的时间内倾斜程度相对不大，但是从图形的局部来看却在某个阈值之后未出现明显的趋缓，而反观其他国家则大致表现为时间较短的区间内比较陡峭，而在某一阈值以后就逐渐变得平缓的基本特征。此外，4 年内中国制造业出口生存率下降的幅度很大，从 70.39% 下降到 27.51%，累积下降幅度高达 42.88%。相比传统制造业强国，中国制造业产品出口仍有很大的不稳定性，同时即便是已保持较长贸易关系的制造业企业，相比其他发达国家仍面临着更大的失败风险。

（2）从制造业产品出口持续时间的影响因子来看，总体而言，无论是出口目标国的特征变量还是产品层面的特征变量对各国出口持续时间均有显著的影响，但从不同国家来看，一些自变量对制造业产品出口持续时间的影响有着明显的差异。例如，中国制造业产品对那些人均收入更高的国家吸引力有限，虽然总量上关系密切，但这一关系并不稳定。

（3）从我国制造业企业出口贸易关系持续时间的总体特征和分样本特征分析来看，总体上，我国出口企业随着出口贸易关系持续时间的增加，生存率都呈下降趋势，但是 3 年以后下降的幅度明显趋缓；分区域上，相比于中部、西部地区，东部地区企业产品出口的稳定性更高；分所有制上，私营企业和外资企业的生存率明显高于国有企业和集体企业；分出口目的地上，出口到发达国家和地区的企业出口贸易体现了较强的持久性与稳定性；分出口产品质量上，生产高质量产品的企业出口生产率高，持续时间更长，出口产品的质量有助于提高企业的出口持续时间；分产品核心程度上，不同核心程度产品的生存时间存在显著差异，随着企业—产品核心程度上升，其出口生存概率显著提高；分经济类型上，生产类型为消费品的企业出口生存率大于生产类型为中间品和资本品的出口生存率。

（4）企业产品出口质量越高，越有利于产品的出口持续时间提升。企业通过不断巩固自身的质量优势，占据技术含量和质量较高的"产品清单"，有助于持续获得出口红利。另外，增加企业产品的种类和提高企业产品核心程度均可降低企业产品出口的失败概率，从而延长出口持续时间；东部地区企业的出口持续时间更易受到产品质量、产品种类和产品核心程度的提高的影响；相较于国有企业和集体企业，外资企业和私营企业的出口持续时间更易受到产品质量、产品种类和产品核心程度提高的影响。

7.2　政策建议

本书通过对中国制造业产品出口贸易关系持续时间的研究为中国出口贸易政策调整提供了新的思路，并从行业、企业和产品三个层面提出相关政策建议。

7.2.1　行业层面

第一，中国制造业产品出口贸易在打开新市场初步建立贸易关系的方面具有一定优势，但是不善于维护和发展长期稳定的贸易关系。刺激强化不活跃的出口贸易关系进而促进出口贸易增长的模式需慎重选择，也因此致力于维护并强化原有存在的活跃稳定的贸易关系比重新建设加强新贸易关系更值得考虑。

第二，中国制造业产品对那些人均收入更高的国家吸引力有限，因此应该不遗余力地提高产品质量和档次，通过政策激励产品升级和创新以迎合更多高端的制造业产品需求。

第三，中国制造业出口的主体——出口企业较为分散，没有形成大的跨国制造业集团，因此本国制造业产品在目标国出现了一定程度的"自竞争"效应，不利于贸易关系长期稳定的发展。应该在国家主导下通过市场机制，以并购重组等方式，将分散的出口主体集中起来形成有优势的大型跨国制造业集团，继而优化产品结构，避免本土产品同质化竞争的恶性循环，在多样化的基础上构建长期稳定的贸易关系。

第四，逐步提高中部、西部地区对外开放程度。基于前文的制造企业贸易伙伴关系持续时间存在区域上的异质性的结论，相比于西部的地区保护主义，东部地区借助特有的对外开放优势，为东部地区的众多出口企业营造了较好的国际贸易环境，进一步促进了这些出口贸易关系的稳定性。以此为鉴，应逐步提高中部、西部地区对外开放程度，减少地区保护主义对出口企业的不利影响，最终促使我国制造企业出口在不同区域也可协调平稳发展。

7.2.2　企业层面

第一，提升出口企业管理的灵活性和管理能力。从前文分所有制检验的研究我们已知，外资企业和私营企业均具有较高的出口贸易持续时间。受此启示，在行政管理和政策制定时，我国贸易部门理应将提升出口企业的灵活管理能力纳入考虑，使得不同所有制企业也能均衡可持续发展，从而改善我国出口企业在贸易关系持续时间的现有状态，深入贯彻我国倡导的贸易均衡稳定持续发展的总方针。

第二，提高企业运营能力和效率水平，从扩大企业规模、提高生产率、增加资金密集度和提升利润率等方面着手。我们从前文对出口企业贸易关系持续时间的影响因素研究得出：提高企业的总体整体运营能力和效率水平，能有效提高我国出口贸易的持续时间。不仅企业能提升自身的经营管理能力和效率，获得巨大的经济利益，而且对我国出口贸易持续时间总体也有积极的正向影响。更深入的分析，作为经济贸易获得的主体，企业只有从提升自身经营实力出发，才能有效促进出口贸易活动的持续发展。

第三，提高企业资信和贸易实力，树立我国出口企业在国际市场上的良好形象。从前文研究中可知，产品的初始贸易金额越高，出口贸易关系的持续时间越长，即两者为正相关。拥有较大的产品初始贸易金额使得国际贸易活动中的交易双方更能相信彼此的资信状况及贸易实力良好，从而塑造了我国出口企业较为良好的国际贸易形象。与此同时，贸易伙伴因不了解我国出口贸易企业的初始贸易金额或初始贸易金额较低而减少对我国尝试性贸易的状况可以尽量避免。

第四，提高贸易人才的语言水平，加强相关部门的语言培训工作。由前文可知，贸易双方的语言相异不利于我国出口产品的贸易关系持续发展，因此，我国外贸部门及企业应提高贸易人才的语言水平，加强相关部门的语言培训工作。通过营造无障碍的良好语言沟通环境，应对解决不同语言导致的贸易沟通阻碍问题，有利于减少语言不同导致国际贸易沟通障碍，减少因语言不同带来的潜在损失。

第五，构建高效率的外贸信息沟通平台。我国的相关外贸部门和出口企业应该注重获取和搜寻出口目标国家的贸易信息及贸易条件，从而让企业针对不同的国际市场状况相应调整对目标国家的贸易政策。换而言之，构建高效率的外贸信息沟通平台，避免国际贸易市场中信息不对称和沟通国际贸易信息不及时，尽力降低我国出口产品在国际交易市场上的搜寻成本，从而提升我国外贸部门和出口企业相关的出口产品的国际竞争力。

7.2.3　产品层面

第一，提升我国企业的科学技术实力水平，提高我国出口产品的科学技术含量和产品质量，从根本上提升我国外贸部门和企业的产品国际贸易竞争力。我国现阶段仍然以低技术水平的出口产品为主，而在高技术的出口产品生产中，我国主要以加工贸易的方式出口。事实上，我国已经掌握相关产品的低技术能力，但我们必须承认技术含量高的产品更具有单位贸易价值，保持成本不变的情形下，更能带来较高的国际贸易实力。若我国的高含量的劳动资源要素与高技术含量度的出口产品能相结合，我国外贸部门和企业必能在国际市场中拥有更大的国际贸易竞争力，从而改善我国出口贸易持续时间。实施"科技兴贸"的贸易政策、提升我国出口产品的技术含量是提高我国出口贸易关系持续时间的良好途径。

第二，加强我国出口企业产品多样化和差异化，提高我国出口企业抵御国际市场风险的能力。国际贸易市场竞争日趋激烈，产品多样化和差异化使我国出口企业的产品更具竞争优势，还能规避我国企业的贸易风险和损失。基于前文产品多样化和差异化对于我国出口贸易时间的分析，多样化和差异化的出口产品战略能在很大程度上减少我国出口企业在国际贸易交换市场上面临的外部风险问题，此外，多样化和差异化的出口产品结构能有效降低我国出口企业可能受到的贸易损失。因此，必须持续提高我国出口企业产品的多样化和差异化，为我国出口企业在国际贸易市场上的稳定持续发展提供高效的风险规避路径，最终也能提升我国出口企业在国际市场上的出口贸易时间。

第三，加强对我国出口企业的产品品牌建设，更为关键的是提升出口产品的"核心竞争力"。品牌优势是我国出口企业的产品进行国际贸易市场竞争的关键因素之一。品牌口碑代表出口商品的高质量和高品位，不仅能带给我国出口企业利润收益，也能增强我国出口企业的产品竞争力。因此，通过加强我国出口产品的品牌效益，树立我国出口产品良好的国际贸易形象，势必能增加我国出口产品的国际贸易市场竞争优势，活跃我国的出口贸易市场。

参 考 文 献

［1］陈勇兵，李燕，周世民. 中国企业出口持续时间及其决定因素 ［J］. 经济研究, 2012 (7).

［2］Besedeš T, Prusa T J. Product differentiation and duration of US importtrade ［J］. Journal of International Economics, 2006, 70 (2): 339 – 358.

［3］Nitsch V. Die another day: duration in German import trade ［J］. Review of World Economics, 2009, 145 (1): 133 – 154.

［4］李嘉图. 政治经济学及赋税原理 ［M］. 北京: 北京联合出版公司, 2013.

［5］Hu Y, Kemp M C, Koji Shimomura. A Factor Endowment Theory of Endogenous Growth and International Trade ［J］. Review of Development Economics, 2005, 9 (4): 467 – 481.

［6］Baldwin R E, Okubo T. Agglomeration, Offshoring and Heterogenous Firms ［J］. Cepr Discussion Papers, 2006.

［7］Baldwin R E, Okubo T. Heterogeneous firms, agglomeration and economic geography: spatial selection and sorting ［J］. Journal of Economic Geography, 2006 (6): 323 – 346.

［8］Mueller D C. A Life Cycle Theory of the Firm. ［J］. Journal of Industrial Economics, 1972, 20 (20): 199 – 219.

［9］钱学锋，熊平. 中国出口增长的二元边际及其因素决定 ［J］. 经

济研究, 2010 (1): 65 - 79.

［10］钱学锋. 企业异质性、贸易成本与中国出口增长的二元边际［J］. 管理世界, 2008 (9): 48 - 56, 66, 187.

［11］汤二子, 李影, 张海英. 异质性企业、出口与"生产率悖论"——基于 2007 年中国制造业企业层面的证据［J］. 南开经济研究, 2011 (3): 79 - 96.

［12］包群, 叶宁华, 邵敏. 出口学习、异质性匹配与企业生产率的动态变化［J］. 世界经济, 2014 (4): 26 - 48.

［13］Melitz M J. The Impact of Trade on Intra-Industry Reallocations and Aggregate Industry Productivity ［J］. Econometrica, 2003, 71 (6): 1695 - 1725.

［14］Melitz M J. International Trade and Macroeconomic Dynamics with Heterogeneous Firms ［J］. Journal of Biological Chemistry, 2005, 120 (3): 865 - 915.

［15］Krugman P. Scale Economies, Product Differentiation, and Pattern of Trade ［J］. American Economic Review, 1980, 70 (5): 950 - 959.

［16］Hopenhayn H A. Entry, Exit and Firm Dynamics in Long-Run Equilibrium ［J］. Econometrica, 1992, 60 (5): 1127 - 1150.

［17］Bernard A B, Jensen J B. Why Some Firms Export ［J］. Ssrn Electronic Journal, 2001, 86 (2): 561 - 569.

［18］Bernard A B, Jensen J B. Exceptional exporter performance: cause, effect, or both? ［J］. Journal of International Economics, 1999, 47 (1): 1 - 25.

［19］Falvey R, Greenaway D, Yu Z. Extending the Melitz Model to Asymmetric Countries ［J］. Ssrn Electronic Journal, 2006, 29 (279): 368 - 373.

［20］Zhao L, Haruyama T. Trade and Firm Heterogeneity in a Schumpeterian Model of Growth ［J］. Research in Economics, 2017, 71 (3): 540 - 563.

[21] Ederington J, Mccalman P. Endogenous firm heterogeneity and the dynamics of trade liberalization [J]. Journal of International Economics, 2008, 74 (2): 422-440.

[22] Egger H, Kreickemeier U. Firm Heterogeneity and the Labor Market Effects of Trade Liberalization [J]. International Economic Review, 2009, 50 (1): 187-216.

[23] Segura-Cayuela R, Vilarrubia J M. Uncertainty and entry into export-markets [J]. Social Science Electronic Publishing, 2008: 5-38.

[24] Cole R A, Turk R. Legal Origin, Creditor Protection and Bank Lending Around the World [J]. Ssrn Electronic Journal, 2013.

[25] Das S, Roberts M J, Tybout J R. Market Entry Costs, Producer Heterogeneity, and Export Dynamics [J]. Econometrica, 2007, 75 (3): 837-873.

[26] Rauch J E, Watson J. Starting small in an unfamiliar environment [J]. International Journal of Industrial Organization, 1999, 21 (7): 1021-1042.

[27] Besedeš T, Prusa T J. Ins, outs, and the duration of trade [J]. Canadian Journal of Economics/revue Canadienne D'economique, 2006, 39 (1): 266-295.

[28] Hess W, Persson M. Exploring the Duration of EU Imports [J]. Working Paper, 2010, 147 (4): 665-692.

[29] Besedeš T, Prusa T J. Antidumping and the Death of Trade [J]. Tibor Besedes, 2013.

[30] 钱意. 中国进口持续时间的影响因素分析 [J]. 中南财经政法大学研究生学报, 2012 (2).

[31] 吕志名. 中国进口贸易关系持续时间的实证研究 [D]. 长沙: 湖南大学, 2012.

［32］陈勇兵，钱意，张相文．中国进口持续时间及其决定因素［J］.统计研究，2013，30（2）：49－57.

［33］倪青山，曾帆．中国进口贸易关系持续时间及其影响因素的经验分析［J］.财经理论与实践，2013，34（2）：88－92.

［34］逯宇铎，陈金平，陈阵．中国企业进口贸易持续时间的决定因素研究［J］.世界经济研究，2015（5）：42－51.

［35］朱映迪．美国输华农产品贸易持续时间分析［J］.中国人口·资源与环境，2015（S1）.

［36］Brenton P, et al. What explains the low survival rate of developing country export flows［R］. World Bank, 2009.

［37］Fugazza M, Molina A C. The determinants of tradesurvival［R］. Iheid Working Papers, 2009.

［38］Boston T, Nair-Reichert U. Affirmative Action：Perspectives from the United States, India and Brazil［J］. Western Journal of Black Studies, 2003, 27（3）.

［39］Besedes T, Blyde J. What Drives Export Survival? An Analysis of Export Duration in Latin America［J］. January, 2010.

［40］Obashi A. Stability of production networks in East Asia：Duration and survival of trade［J］. Japan and the World Economy, 2010, 22（1）：21－30.

［41］Besedeš T, Prusa T J. The role of extensive and intensive margins and export growth［J］. Journal of Development Economics, 2011, 96（2）：371－379.

［42］Esteve-Pérez S, Requena-Silvente F, Pallardó-Lopez V J. The duration of firm-destination export relationships：Evidence from Spain, 1997－2006［J］. Economic Inquiry, 2011, 51（1）：159－180.

［43］Fugazza M, Molina A C. On The Determinants of Exports Survival

[J]. Unctad Blue, 2011.

[44] Békés G, Muraközy B. Temporary trade and heterogeneous firms [J]. Journal of International Economics, 2012, 87 (2): 232 –246.

[45] 邵军. 中国出口贸易联系持续期及其影响因素分析 [J]. 管理世界, 2011 (4).

[46] 何树全, 张秀霞. 中国对美国农产品出口持续时间研究 [J]. 统计研究, 2011, 28 (2): 34 –38.

[47] 郭慧慧. 中国农业贸易关系持续期影响因素分析 [J]. 商场现代化, 2011 (33): 5 –6.

[48] 陈勇兵, 蒋灵多, 曹亮. 中国农产品出口持续时间及其影响因素分析 [J]. 农业经济问题, 2012 (11): 7 –15.

[49] 夏帆. 中国出口贸易关系持续时间的经验研究 [J]. 经济问题探索, 2012 (2): 158 –164.

[50] 魏自儒, 李子奈. 进入顺序对企业出口持续时间的影响 [J]. 财经研究, 2013 (8): 51 –63.

[51] 杜运苏, 杨玲. 中国出口贸易关系的生存分析: 1995 –2010 [J]. 国际贸易问题, 2013 (11): 14 –23.

[52] 林常青. 中国对美国出口贸易持续时间及影响因素的研究 [J]. 国际贸易问题, 2014 (1): 61 –70.

[53] 林常青, 张相文. 中国—东盟自贸区对中国出口持续时间的影响效应研究 [J]. 当代财经, 2014 (7): 99 –109.

[54] 胡菡月. 中国贸易出口持续时间的实证分析 [J]. 中国商贸, 2014 (20).

[55] 张亚斌, 黎谧, 李静文. 制造业出口贸易生存分析与跨国比较研究 [J]. 国际贸易问题, 2014 (11): 3 –13.

[56] 林常青. 美国反倾销对中国对美出口持续时间的影响 [J]. 中

南财经政法大学学报, 2014 (4).

[57] 谭晶荣, 童晓乐. 中国与金砖国家贸易关系持续时间研究 [J]. 国际贸易问题, 2014 (4): 90 - 100.

[58] 雷昭明. 东亚生产网络内分工格局的稳定性——基于贸易关系持续时间的分析 [J]. 江西社会科学, 2015 (7): 66 - 71.

[59] 舒杏, 霍伟东, 王佳. 中国对新兴经济体国家出口持续时间及影响因素研究 [J]. 经济学家, 2015 (2): 16 - 26.

[60] 龚向明. 经济规模、贸易成本与出口增长路径研究 [D]. 上海: 复旦大学, 2012.

[61] 龚向明, 强永昌. 经济规模、贸易成本与我国钢铁行业出口的二元边际分析 [J]. 国际商务研究, 2012, 33 (1): 5 - 11.

[62] Baldwin R E, Robert-Nicoud F. The Impact of Trade on Intra-Industry Reallocations and Aggregate Industry Productivity: A Comment [J]. Cepr Discussion Papers, 2004.

[63] 王术华, 田治威. 中国林化产品出口贸易影响因素与发展潜力——基才贸易引力模型的分析 [J]. 国际经贸探索, 2014 (6): 44 - 55.

[64] 张凤娟, 史建民. 中国家禽出口贸易影响因素与发展潜力——基于引力模型的分析 [J]. 中国海洋大学学报 (社会科学版), 2013 (2): 51 - 58.

[65] 李翼鹏. 中国出口贸易关系持续时间的影响因素研究 [D]. 郑州: 郑州大学, 2014.

[66] 周念利. 基于引力模型的中国双边服务贸易流量与出口潜力研究 [J]. 数量经济技术经济研究, 2010 (12): 67 - 79.

[67] 黄满盈. 中国双边金融服务贸易出口潜力及贸易壁垒研究 [J]. 数量经济技术经济研究, 2015 (2): 3 - 18.

[68] 邓晓虹, 黄满盈. 基于扩展引力模型的中国双边金融服务贸易出口潜力研究 [J]. 财经研究, 2014, 40 (6).

［69］李静文. 制造业出口持续时间及影响因素分析 ［D］. 长沙：湖南大学, 2014.

［70］杨学进. 出口信用保险中的国家风险评价 ［J］. 国际经济合作, 2001 (3).

［71］赵明昕. 出口贸易中的国家风险管理 ［J］. 保险研究, 2006 (6)：48 - 50.

［72］魏巧琴, 李晓洁. 国家风险对我国出口贸易效应的实证分析 ［J］. 保险研究, 2010 (10)：10 - 17.

［73］贾真. 出口信用保险中的国家风险评价 ［D］. 北京：对外经济贸易大学, 2005.

［74］戴小勇, 成力为. 中国出口企业特征及形成原因的实证研究——异质性企业贸易理论的分析视角 ［J］. 国际贸易问题, 2014 (2)：36 - 45.

［75］Feenstra R, Ma H. Optimal Choice of Product Scope for Multiproduct Firms under Monopolistic Competition ［R］. Nber Working Papers, 2007.

［76］Iacovone L, Smarzynska Javorcik B. Multi-product exporters : diversification and micro-level dynamics ［J］. Policy Research Working Paper, 2008, 120 (544)：1 - 37 (37).

［77］Söderbom M, Weng Q. Multi-product firms, product mix changes and upgrading: Evidence from China's state-owned forest areas ［J］. China Economic Review, 2012, 23 (4)：801 - 818.

［78］Adalet M. Multi-Product Exporters and Product Turnover Behaviour of New Zealand Exporters ［R］. Treasury Working Paper, 2009.

［79］Eckel C, Iacovone L, Javorcik B, et al. Multi-product firms at home and away: Cost-versus quality-based competence ［J］. Journal of International Economics, 2015, 95 (2)：216 - 232.

［80］Tovar-Martínez A E. Growth and plumage development of Azurewinged Parrot（Hapalopsittaca fuertesi）nestlings in the central Andes of Colombia［J］. Ornitologia Colombiana, 2009（8）: 5 – 18.

［81］赖永剑. 空间动态外部性、企业异质性与出口决定——基于中国制造业企业面板数据［J］. 中南财经政法大学学报, 2011（2）: 94 – 100, 143 – 144.

［82］蒋为, 顾凌骏. 融资约束、成本异质性与企业出口行为——基于中国工业企业数据的实证分析［J］. 国际贸易问题, 2014（2）: 167 – 176.

［83］马林梅. 企业规模异质性与出口模式选择: 间接、混合与直接出口［J］. 当代财经, 2014（9）: 98 – 109.

［84］汤二子, 孙振. 异质性生产率、产品质量与中国出口企业的"生产率悖论"［J］. 世界经济研究, 2012（11）: 10 – 15, 87.

［85］项松林. 异质性企业、结构转型与稳定出口［J］. 经济评论, 2011（4）: 104 – 113.

［86］赵伟, 赵金亮. 生产率决定中国企业出口倾向吗——企业所有制异质性视角的分析［J］. 财贸经济, 2011（5）: 100 – 105.

［87］许昌平. 出口经验对出口学习效应的影响研究——基于企业所有制异质性的视角［J］. 财经论丛, 2014（9）: 3 – 8.

［88］田敏, 刘海云. 生产率影响差异及企业出口竞争力——基于不同所有制企业的实证分析［J］. 特区经济, 2014（4）: 72 – 74.

［89］黄凌云, 罗琴, 刘夏明. 我国跨国公司 OFDI 的市场效应——基于不同所有制企业的分析［J］. 国际贸易问题, 2014（12）: 125 – 135.

［90］Baldwin R E, Robert-Nicoud F. Trade and Growth with Heterogenous Firms［J］. Social Science Electronic Publishing, 2006, 74（1）: 21 – 34.

［91］Baldwin R E. Heterogenous Firms and Trade: Testable and Untestable Properties of the Melitz Model［R］. Nber Working Papers, 2005.

[92] 罗长远, 陈琳. FDI 是否能够缓解中国企业的融资约束 [J]. 世界经济, 2011 (4): 42 – 61.

[93] 孙晓华, 孙哲. 出口贸易对企业生产率的异质性影响——基于行业特征、企业规模和出口比重分组的实证检验 [J]. 世界经济研究, 2012 (8): 37 – 42, 88.

[94] Martincus C V, Carballo J. Beyond the average effects: The distributional impacts of export promotion programs in developing countries [J]. Journal of Development Economics, 2010, 92 (2): 201 – 214.

[95] 毛其淋. 贸易自由化、异质性与企业动态: 对中国制造业企业的经验研究 [D]. 天津: 南开大学, 2013.

[96] 刘晓宁. 贸易自由化、异质性企业出口决策与出口产品质量升级研究 [D]. 济南: 山东大学, 2015.

[97] 魏方. 生产率和产品品质双重异质性对企业出口的影响: 文献综述 [J]. 国际贸易问题, 2015 (1): 123 – 131.

[98] Aw B Y, Roberts M J, Winston T. Export Market Participation, Investments in R&D and Worker Training, and the Evolution of Firm Productivity [J]. World Economy, 2007, 30 (1): 83 – 104.

[99] Esteve S, Joan D, Sebastian V, et al. Capsule endoscopy versus computed tomographic or standard angiography for the diagnosis of obscure gastrointestinal bleeding. [J]. American Journal of Gastroenterology, 2007, 102 (4): 731 – 737.

[100] 殷德生, 唐海燕, 黄腾飞. 国际贸易、企业异质性与产品质量升级 [J]. 经济研究, 2011 (S2): 136 – 146.

[101] Kandogan Y. How Much Restructuring did the Transition Countries Experience? Evidence from Quality of their Exports [J]. Comparative Economic Studies, 2005, 47 (3): 543 – 560.

［102］ Hudson J, Jones P. International trade in 'quality goods': signalling problems for developing countries ［J］. Journal of International Development, 2003, 15 (8): 999 – 1013.

［103］ Hummels D, Klenow P J. The Variety and Quality of a Nation's Exports ［J］. American Economic Review, 2005, 95 (3): 704 – 723.

［104］ Khandelwal A. The Long and Short (of) Quality Ladders ［J］. Review of Economic Studies, 2010, 77 (4): 1450 – 1476.

［105］ Pula G, Santabárbara D. Is China climbing up the quality ladder? ［J］. Ssrn Electronic Journal, 2012, 45 (8): 32 – 38.

［106］ Arkolakis C, Muendler M A. The extensive margin of exporting products: a firm-level analysis ［R］. NBER Working Papers 16641. National Bureau of Economic Research, Inc., 2010.

［107］ Eckel C Neary J. Multi-product firms and flexible manufacturing in the global economy ［J］. Review of Economic Studies, 2010, 77 (1): 188 – 217.

［108］ Bilbiie F O, Melitz M J. Endogenous Entry, Product Variety, and Business Cycles ［J］. Journal of Political Economy, 2011, 120 (2): 304 – 345.

［109］ Broda C, Weinstein D E. Globalization and The Gains From Variety ［J］. Quarterly Journal of Economics, 2004, 121 (2): 541 – 585.

［110］ Feenstra R, Kee H L. On the Measurement of Product Variety in Trade ［J］. American Economic Review, 2004, 94 (2): 145 – 149.

［111］ Florin O. Bilbiie, Julio J. Rotemberg. Monetary Policy and Business Cycles with Endogenous Entry and Product Variety ［R］. Nber Working Papers, 2007, 22: 299 – 379.

［112］ Alvarez R, Claro S. The China Phenomenon: Price, Quality or Variety? ［J］. Sebastian Claro, 2006.

［113］ Volpe F M, Abrantes M M, Capanema F D, et al. The impact of changing health indicators on infant mortality rates in Brazil, 2000 and 2005. [J]. Revista Panamericana De Salud Pública, 2009, 26 (6): 478 – 484.

[114] 蒋灵多, 陈勇兵. 出口企业的产品异质性与出口持续时间 [J]. 世界经济, 2015 (7): 3 – 26.

[115] 陈家鼎. 生存分析与可靠性 [M]. 北京: 北京大学出版社, 2005.

[116] 吴冰. 生存分析及其应用: 以创业研究为例 [J]. 上海交通大学学报: 哲学社会科学版, 2006, 14 (3): 63 – 65.

[117] 王启华. 生存数据统计分析 [M]. 北京: 科学出版社, 2006.

[118] 林颖. 生存分析在信用风险管理中应用的研究 [D]. 厦门: 厦门大学, 2006.

[119] 孙山泽. 生存数据分析的统计方法 [J]. 数理统计与管理, 2000, 19 (2): 48 – 48.

[120] 彭非, 王伟. 生存分析——21 世纪统计学系列教材 [M]. 北京: 中国人民大学出版社, 2004.

[121] 张群华, 倪泉兴. 胰腺癌 2340 例临床病例分析 [J]. 中华医学杂志, 2004, 84 (3): 214 – 218.

[122] 郑智华, 马祖等, 张涤华, 等. 血液透析患者营养状态与生存质量关系研究 [J]. 中国血液净化, 2005, 4 (4): 187 – 190.

[123] 陈勇兵, 王晓伟, 谭桑. 出口持续时间会促进新市场开拓吗——来自中国微观产品层面的证据 [J]. 财贸经济, 2014 (6): 79 – 89.

[124] 樊瑛. 新新贸易理论及其进展 [J]. 国际经贸探索, 2007, 23 (12): 4 – 8.

[125] 柴忠东, 施慧家. 新新贸易理论 "新" 在何处——异质性企业贸易理论剖析 [J]. 国际经贸探索, 2008 (12): 14 – 18.

[126] 邓翔, 路征. "新新贸易理论" 的思想脉络及其发展 [J]. 财经

科学，2010，54（2）：41-48.

[127] 李春顶. 中国外贸发展战略调整与政策选择——来自新—新贸易理论的启示 [J]. 当代经济研究，2009（8）：47-51.

[128] 王婷婷. 新新贸易理论及对我国出口企业的启示 [D]. 长春：吉林大学，2011.

[129] Helpman E. Trade，FDI，and the Organization of Firms [J]. Journal of Economic Literature，2006，44（3）：589-630.

[130] Crozet M，Trionfetti F. Trade costs and the Home Market Effect [J]. Journal of International Economics，2008，76（2）：309-321.

[131] 樊纲，关志雄，姚枝仲，等. 国际贸易结构分析：贸易品的技术分布 [J]. 经济研究，2006（8）：70-80.

[132] 夏友富. 技术性贸易壁垒体系与当代国际贸易 [J]. 中国工业经济，2001（5）：14-20.

[133] 杜修立，王维国. 中国出口贸易的技术结构及其变迁：1980-2003 [J]. 经济研究，2007（7）：137-151.

[134] 余红梅. Cox 比例风险回归模型诊断及预测有关问题的研究 [D]. 第四军医大学，2001.

[135] Dabrowska D M. Kaplan-Meier Estimate on the Plane [J]. Annals of Statistics，1988，16（4）：1475-1489.

[136] Lall S. The Technological Structure and Performance of Developing Country Manufactured Exports，1985-1998 [J]. Oxford Development Studies，2010，volume 28（3）：337-369.

[137] 朱希伟，金祥荣，罗德明. 国内市场分割与中国的出口贸易扩张 [J]. 经济研究，2005（12）：68-76.

[138] 裴长洪. 利用外资仍要坚持数量与质量并重 [J]. 中国工业经济，2008（3）：21-22.

［139］Görg H, Kneller R, Muraközy B. What makes a successful export? Evidence from firm-product-level data ［J］. Canadian Journal of Economics/revue Canadienne D'economique, 2012, 45 (4): 1332 – 1368.

［140］Bernard B A, Redding S, Schott P. Comparative Advantage and Heterogeneous Firms ［J］. Review of Economic Studies, 2007, 74 (1): 31 – 66.

［141］Bernard B A, Redding S, Schott P. Multiple-Product Firms and Product ［C］// Switching, American Economic Review, 2010.

［142］Bernard A B, Redding S J, Schott P K. Multi-product Firms and Trade Liberalization ［J］. Ssrn Electronic Journal, 2007, 126 (3): 1271 – 1318.

［143］Bernard A B, Van Beveren I, Vandenbussche H. Multi-product exporters, carry-along trade and the margins oftrade ［J］. Working Paper Research, 2010: 1 – 60.

［144］Bernard A B, Ilke V B, Hylke V. Multi-Product Exporters and the Margins of Trade ［J］. Japanese Economic Review, 2014, 65 (2): 142 – 157.

［145］Iacovone L, Javorcik B S. Multi-Product Exporters: Product Churning, Uncertainty and Export Discoveries ［J］. Economic Journal, 2010, 120 (544): 481 – 499.

［146］Jenkins S P. Easy Methods for Discrete-Time Duration Models ［J］. Oxford Bulletin of Economics & Statistics, 1995, 57 (1): 129 – 38.

［147］Görg H, Kneller R, Murakozy B. What Makes a Successful Export? ［J］. Social Science Electronic Publishing, 2008, 45 (4): 1332 – 1368.

［148］张杰, 郑文平, 翟福昕. 中国出口产品质量得到提升了么? ［J］. 经济研究, 2014 (10): 46 – 59.

［149］刘慧, 陈晓华, 周禄松. 出口技术复杂度赶超对能源效率的影响研究——基于跨国面板数据门槛效应模型的非线性检验 ［J］. 国际贸易问题, 2014 (8).

［150］施炳展，王有鑫，李坤望. 中国出口产品品质测度及其决定因素［J］. 世界经济，2013（9）：69－93.

［151］Piveteau P, Smagghue G. A new Method for Quality Estimation using Trade Data［R］. An Application to French firms，2013.

［152］彭国华，夏帆. 中国多产品出口企业的二元边际及核心产品研究［J］. 世界经济，2013（2）：42－63.

［153］谢千里，罗斯基，张轶凡. 中国工业生产率的增长与收敛［J］. 经济学（季刊），2008（3）.

［154］钱学锋，王胜，陈勇兵. 中国的多产品出口企业及其产品范围：事实与解释［J］. 管理世界，2013（1）：9－27.

［155］Choi J G. Munisamy Structure and Behavior of Multi-product Firms：Evidence from India［J］. Working Paper Research，2013.

后　记

本书是在我的博士学位论文基础上修改而成，在即将出版之际，对所有帮助过我、教育过我、关心过我的老师、同学、家人、同事和朋友致以衷心的感谢。

首先，我要诚挚地感谢我的导师张亚斌教授。张老师学识渊博，待人宽厚随和，是位极具风度和品格的谦谦君子。恩师不但在学习上给予我悉心指导，而且在生活上给予我无微不至的关怀和鼓励，正是恩师的博学睿智、诲人不倦，使我深受教益，循序渐进地步入浩瀚学海，慢慢地领悟了为学之道。在本文的撰写过程中，恩师从论文选题、资料收集、结构安排等问题上为我严格把关，同时也为论文的撰写提供了最好的资料收集条件和写作环境。"一日为师，终身为父"，恩师的人格魅力令我敬仰，恩师的谆谆教诲我将铭记一生。

衷心感谢赖明勇教授、李海峥教授、罗能生教授、王良健教授、钱晓英教授、胡小娟教授、侯俊军教授等为我传授了专业知识并给予我许多教益和帮助；感谢许和连教授、刘辉煌教授、刘寒波教授、祝树金教授、李斌教授对文章提出的宝贵修改意见；同时，还要衷心感谢我的硕士导师王耀中教授、长沙理工大学杨海余教授、著名书法家陈迎楷老师、蒋莉女士给予我人生成长路上的教导和厚爱。在此，对他们的关心和帮助表示衷心的感谢！

感谢求学路上的同门易先忠副教授、杨盛标副教授、艾洪山副教授、吴江博士、雷日辉博士、冯迪博士、金培振博士，以及博士生范子杰、陈娟娟、陈强、陈生明、刘天琦等师弟师妹在学习和生活中提供的许多帮助，在此一并致以诚挚的谢意。

本书由湖南商学院重点学科理论经济学资助出版，衷心感谢有关领导和理论经济学有关学科带头人对本书的肯定和支持。

最后，特别感谢我的家人。感恩父母的无私关怀和陪伴，是你们用最伟大的亲情陪伴我走过困惑与迷惘，是你们的理解和支持给予了我无畏向前的动力，此生能成为你们的女儿是我一生最幸运和幸福的事，希望我永远是你们的骄傲。

黎　谧
2018 年 9 月